내한선교사편지번역총서 **5**

윌리엄 불이
알렉산더에게 보낸
선교 편지

내한선교사편지번역총서 **5**

윌리엄 불이
알렉산더에게 보낸
선교 편지

윌리엄 불 지음
허경명 가족 옮김

24년 전에 M국에 가서 약 8년 6개월간 예수 그리스도의 복음을 전하였고, 그 후로는 우리나라로 귀국해서 예수 그리스도의 복음을 전하고 있습니다.

70년 전에 약 15명의 미국 젊은이들이 일본으로 예수 그리스도의 복음을 전하러 왔습니다. 그들은 20대 전반의 청년들로서 2차 세계대전에서 패한 일본 사람들에게 예수 그리스도를 통한 창조주 하나님의 사랑의 복음을 전하며 예수 그리스도인의 본을 따라 살았습니다. 그들은 미국 국적을 포기하고 일본 국적을 취득하기까지 했습니다. 현재는 대부분 소천하셨고, 2~3세들이 일본을 비롯한 세계의 여러 나라에서 복음을 전하고 있습니다.

20대에 주님께 드렸던 저의 소원은 사도들처럼 이곳저곳을 다니며 복음을 전하는 것이었습니다. 1998년 2월에 일본에서 활동하시는 그 미국 선교사님들을 만나 그 소원을 이룰 수 있었습니다. 그분들처럼 저도 M국인이 되어 그곳에 뼈를 묻을 각오로 복음을 전하기로 하였습니다. 15년 이상의 직장생활 기간 중에는 선진국들로 출장을 갔고 주재하기도 하였지만, 후진국에는 가 볼 기회가 없었고 M국을 사전 답사조차도 없이 가족을 데리고 갔습니다.

복음을 전하고 생활하면서 매우 새로운 것들을 경험하였습니다.

겨울은 매우 춥고 길지만 여름은 짧고 햇볕이 뜨거운 혹독한 기후, 물이 충분하지 않기 때문에 발생하는 위생 문제, 70년 동안 익힌 사회주의에서 민주주의로 전환하여 10년이 채 안 되었기 때문에 민주주의의 옷을 입고 사회주의를 생각하는 혼동, 유목민 문화에서 기인되는 성적 문란, 국민의 30%가 절대 빈곤인 가난, 공무원조차도 근무시간에 술을 마시는 음주문화와 그에 의해 발생하는 심각한 사회 문제들. 캄캄한 흑암 속에 갇혀서 서로 고통을 주고받고 신음하며 살아가고 있었습니다. 이들의 대부분은 돈만 있으면 해결될 것으로 믿지만, 돈이 있으면 그 흑암은 더해집니다. 문제의 원인은 바로 사람들의 죄입니다.

그 어두움을 밝히고 빛 가운데 살도록 하는 유일한 길은 모든 만물을 만드신 하나님 아버지와 그가 보내신 그 아들 예수 그리스도의 죽으심과 부활을 믿고 받아들이고 하나님의 말씀과 성령으로 인도를 받아 사는 삶입니다. 그 이외의 길은 없습니다. 그 빛을 비추기 위해 도시와 시골의 가가호호에 그리고 만나는 사람들에게 복음책자들을 드리며, 창조주 하나님, 그 하나님을 거역하고 죄에 빠진 인간, 그러한 우리를 구원하기 위해 사람으로 오신 예수 그리스도와 그 분의 섬김과 대속과 부활, 심판, 그리고 지옥과 천국을 전했습니다. 그러던 중에 한 아들이 돌을 3일 앞두고 뇌수막염으로 먼저 주님의 품으로 갔습니다.

1900~1910년의 조선은 제가 겪었던 것과는 비교할 수 없이 어렵고 심각했습니다. 그때의 조선은 비위생적이며 여러 면에서 열

악하였습니다. 이에 더하여 열강들의 각축전이 된 조선은 국가로 서의 능력을 거의 상실하였기 때문에, 법과 기강이 해이해지고 백성들은 도탄의 격랑에 빠져 있었습니다. 그러한 조선에 지구의 반대편에 살던 미국 남장로교의 선교사들이 친지들과 편안하고 익숙한 삶의 터전을 뒤로한 후, 험한 태평양을 건너고 일본을 경유하여 미지의 은둔의 나라 조선, 조선에서도 외진 군산, 전주, 광주, 목포의 호남지역에 왔습니다. 그들은 흑암 속에 있던 조선에 은혜와 진리의 빛을 비추며 생명을 불어넣었고 소망을 주었습니다. 그렇게 하기 위해 병을 얻기도 하고, 병과 사고로 자신의 생명과 사랑하는 가족들을 잃는 값을 지불하였습니다. 어떤 분은 막대한 재산을 들여서 일선에서 선교하시는 분들을 후원하였습니다. 예수님이 보이신 섬김과 대속의 본을 따랐습니다. 그러한 헌신과 희생 위에서 우리는 구주 예수 그리스도를 믿고 구원의 기쁨을 누리며 창조주 하나님의 자녀로 빛과 소금으로 이 세상에 살다가 천국에 갈 것을 소망하는 축복을 누리게 되었습니다.

그분들은 복음과 함께 학교와 병원 그리고 사회복지시설을 설립하여 우리를 입체적으로 일방적으로 도왔습니다. 복음과 사랑의 큰 은혜를 입었습니다. 참으로 우리는 사랑과 복음의 빚을 졌습니다. 사랑과 복음이 필요한 분들을 사랑하고 복음을 전해주어야 할 빚을 진 자들입니다.

미국 남장로교의 선교사 편지들을 번역하며 사랑과 복음의 빚을 진 것을 더욱 느꼈고, 그분들께 진 빚을 복음이 필요한 다른 분들에게 갚기로 저희 가족들은 다짐하게 되었습니다. 이러한 기회를 갖게 해 주신 6촌 형님인 허경진 교수님과 원문 수집, 정리, 번역 검토, DB작업을 하는 연세대학교 한국기독교문화연구소와 연구원들께도 감사를 드립니다. 아울러 이해를 돕기 위해 불 선교사님의 편지의 배경과 전체적인 흐름을 설명한 '해제'를 써 주신 임현진 박사님께도 감사를 드립니다.

마지막으로 이해가 둔하고 표현이 졸한 저희들의 번역을 읽는 분들이 이해할 수 있도록 주님께 도움을 부탁드립니다.

2022년 4월 15일
가족 대표 허경명

차례

일러두기

1. 미국 켄터키역사학회(Kentucky Historical Society) 소장본을 저본으로 하여 번역하였다.

2. 번역문, 원문 순서로 수록하였다.

3. [ ] : 필기체 편지 중 해독 불가능할 때 사용

4. ( ) : 편지 저자가 사용

5. 편지에서 문법, 스펠링이 틀린 것은 수정하지 않았다.

윌리엄 불이 알렉산더에게 보내는 선교 편지 해제

우정과 신뢰로 이루어 낸 하늘나라에의 '투자'

"인간은 무엇인가에 종속되고 그것을 위해 희생한다. 그 무엇인가 가 인간을 지배하고 인간으로부터 참된 의미를 이끌어내는 것이다."[1]

윌리엄 불과 알렉산더와의 만남

윌리엄 불(William F. Bull: 1876~1941)은 1876년 미국 버지니아 주 노펑(Norfolk)에서 태어났다. 불은 1892년에 버지니아 주에 위치한 남장로교 사립 남성 교양 대학인 햄든-시드니 칼리지(Hampden-Sydney College)에 입학하였고 그는 입학하자마자 풋볼 팀을 창설하 고 선수이자 코치로서 큰 활약을 하게 된다. 대학 간 풋볼 경기에서 모교를 큰 승리로 이끌고 또한 야구팀도 창설하는 등의 업적을 남기고서 불은 1896년에 대학을 졸업하였다.[2]

---

1 앙드레 지드, 「생텍쥐페리, 『야간 비행』 서문」, 생텍쥐페리, 『야간 비행·남방 우편 기』, 허희정 옮김, 펭귄클래식 코리아, 2008, 9쪽.

2 윌리엄 불의 대학시절 활동에 대한 기록이 햄든-시드니 칼리지의의 "명예의 전당" 홈페이지에 나와 있다. 여기서 불은 운동 팀을 창설하고 선수이자 코치로서 대학 간의 경기에서 팀을 승리로 이끈 인물로 그려지고 있다. 대학 졸업 후 한국 선교에 일생은 바쳤다는 불의 선교사로서의 기록도 간략하게 나타난다. 다음을 참조:

그런데 축구 코치의 길을 갈 수 있게 만들 듯하였던 이러한 화려한 경력을 뒤로하고 그는 졸업 후 3년이 지난 1899년, 놀랍게도 남장로교 선교사의 자격으로 당시 미지의 나라였던 한국으로 들어오게 된다. 무엇이 그로 하여금 이러한 삶의 급전환을 일으키도록 했는지에 대해서는 특별히 알려진 바가 없다. 그러나 1899년 내한하여 1941년 미국으로 귀국하여 사망할 때까지 전 생애를 군산 선교에 바친 것으로 보아 우리는 불의 이 선택이 자신의 삶 전체를 건 결단이었을 것이라고 추측할 수 있다.

대학 K-Sigma Fraternity 회원. 아랫줄 오른쪽 첫 번째 사람이 윌리엄 불.
Hampden Sydney College (Virginia) Year Book 1896년

https://hscathletics.com/honors/hall-of-fame/william-bull/30.

앞 줄 가운데 공을 안고 있는 선수가 대학 풋볼 팀 주장 윌리엄 불이다.

불이 1899년 군산에 도착했을 때 이 지역에서는 이미 윌리엄 전킨(William. M. Junkin: 1895~1908)[3]과 다머 드루(Drew, A. Damer, 1889~1926) 의사가 활동하고 있었다. 이들은 1896년 4월 가족과 함께 군산으로 이사하여 초가집 2채를 매입해 거주하면서 전킨의 집에서는 복음 선교를, 드루의 집에서는 의료 선교를 행하고 있었다.

그러다가 1899년 5월 군산항이 개항되자 전킨과 드루는 그들의

---

3 윌리엄 전킨은 1892년 미국 남장로교에서 최초로 조선에 파견한 선교사 그룹인 '7인의 선발대(Seven Pioneers)' 중 한 명이다. 한국 사역 중 3명의 자녀를 잃고 자신도 1908년 장티푸스로 43세에 사망하였다. 불의 편지에는 동료 선교사인 전킨의 건강을 염려하는 내용이 나타난다.

전킨 선교사

선교를 돕는 배가 정박하기 좋은 궁말 (현 지명은 구암)의 언덕을 매입하고 이곳에 집을 신축한다. 남장로교 선교부는 군산 선교지부를 1899년 12월 궁말로 옮기기로 결정하였고 이에 따라 이들은 전도선이 정박하기 쉬운 구암산 근처에 "야소병원"[4]을 세워 이를 근거지로 삼아 선교활동을 확대해 나가기 시작하였다. 불 선교사가 군산 선교지부에 합류한 시기가 바로 이 즈음이며, 또한 그는 비슷한 시기 남장로교 선교사로 부임한 리비 알비(Libbie A. Alby: 1869~1952)와 1902년에 결혼하여 군산 지역 부부 선교사로 활발한 활동을 해 나갔다.

[위] 야소병원 - 영명학교, [아래] 마을. 전킨선교사기념사업회.

---

4 '야소(耶蘇)'는 '예수'의 한자어 음역인데 군산 선교사들의 활동을 막고자 했던 일제의 압력으로 인해 후에 야소병원은 '구암병원'으로 이름을 바꾸게 되었다.

불이 군산 선교를 시작한 지 3년
이 지난 1902년 11월, 군산에 한
의료 선교사가 합류하게 되는데,
그가 바로 본서에 담긴 불 선교사
편지의 수신인인 알렉산더(A. J. A.
Alexander: 1876~1929)이다.

켄터키주 출신 의사인 알렉산
더는 야소병원에서 조선인들을 진
료하면서 불 선교사와 깊은 우정
을 나누는 사이가 되고, 당시 불
에게 한국어를 가르치고 있었던

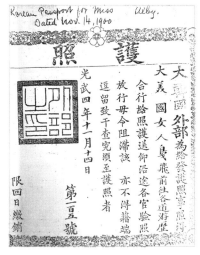

불의 부인(리비 알비)의 조선 비자

오긍선을 한국어 교사로 소개받게 된다.

오긍선은 신학문을 배우려는 열망에 가득 찬, 배재학당 출신 청
년으로서 나라의 미래를 염려하여 독립협회에 가입하였고 만민
공동회 간부로도 활동하였던 젊은 인재였다. 그러나 척족파와 대
한제국 정부가 날조한 만민공동회 사건을 겪은 후 쫓기는 몸이
되었다.[5]

---

5 1897년 대한제국이 성립된 후 제정러시아가 친러 수구파 세력을 이용해 한반도
   침략 야욕을 노골화하기 시작하자 당시 독립협회로 결집되어가던 한국의 개혁세력
   은 대외적인 자주독립을 주장하면서 대대적인 저항과 계몽운동을 확대, 만민공동
   회라는 자발적인 민중운동을 이끌어내었다. 이에 힘입어 개혁세력은 1898년 10월
   개혁파 정부를 수립하고 공화정을 세우고자 하였으나 정권에서 배제되기를 두려워
   한 친러 수구파들은 개혁파가 고종의 왕위를 폐위시키려 한다는 모략보고서를 올
   려 개혁파 정부는 붕괴되고 친러 정부가 복귀되었다. 이에 반발하는 만민공동회가
   다시 대대적으로 일어났으나 결국 고종은 독립협회 세력의 해산을 바라던 일본

배재학당 졸업 후 오긍선은 그의 피신을 도와주었던 침례교 선교사 스테드먼(Steadman)에게 세례를 받아 기독교인이 되었고, 그의 주선으로 불의 한국어 교사로 일하게 되었던 것이다. 당시 야소병원의 의료 선교사로 새로 부임한 알렉산더와의 만남도 이렇게 이루어지게 되었다.

알렉산더와의 서신 교환

야소병원을 중심으로 활발하게 활동을 시작했던 알렉산더는 의료 선교사로 부임한 지 불과 두 달 만에 미국으로 돌아가야 할 처지에 놓이게 되었다. 켄터키의 우드번(Woodburn) 말 농장 사업을 운영하던 아버지의 부고를 듣게 된 것이다. 알렉산더는 상속자로서 재산 관리 등의 의무를 이행하기 위해 자신이 쓰던 살림살이와 가구들을 정리할 시간도 없이 급하게 한국을 떠날 수밖에 없었다. 군산 선교사들은 그가 다시 돌아올 것으로 기대하였으나 이때 이후 그는 다시 한국에 돌아올 기회를 가지지 못하게 된다.

그러나 이 두 달이라는 짧은 기간 동안 형성된 불 선교사와 알렉산더의 우정과 신뢰의 관계는 서신 교환으로 이어지게 되었고, 이를 통해 한국 현지에서 못다 한 선교활동을 알렉산더는 군산 지역에 재정적인 지원을 함으로써 지속하게 된다. 또한 알렉산더는

공사 가토(加藤增雄)의 조언에 따라 군대를 동원하여 만민공동회를 해산시키고 12월 25일 독립협회와 함께 해체령을 포고하고 430여 명의 만민공동회와 독립협회 지도자들을 일거에 체포, 구금하였다. 이에 대해서는 다음을 참조: http://encykorea.aks.ac.kr/Contents/Item/E0017594

1902년 12월 미국으로 돌아가면서 오긍선을 데려가고 그가 센트럴 대학 교양학부를 거쳐 루이빌 대학 의학부에서 학위를 취득하기까지 전적인 후원을 하게 된다. 알렉산더의 주선과 후원으로 학업에 집중할 수 있었던 오긍선은 유학 생활을 시작한 지 5년 만인 1907년에 미국 의사 면허증을 취득하고 같은 해 남장로회 해외선교부 한국 파견선교사의 자격으로 귀국하였다. 그리하여 불 선교사와 알렉산더와의 인연이 시작되었던 군산

알렉산더 박사

지역 야소병원에서 나병환자를 돌보는 등의 활동을 행하였고 이후 한국 의료계에 큰 발자취를 남기는 인물이 된다.

본서에 담긴 불 선교사의 편지는 알렉산더 의료 선교사가 미국으로 돌아간 다음 해인 1903년부터 1910년까지 약 7년 동안 불이 알렉산더에게 보낸 19통의 편지이다. 자신과 자신의 가족 그리고 한국에서 활동 중인 다른 선교사들의 안부와 근황을 전하는 편지들 속에는 비록 짧은 시간이지만 선교사로서 함께했던 알렉산더와의 친교의 기억을 잊지 못하는 불 선교사의 마음이 담겨있다. 알렉산더가 기부한 자금의 지출 내역을 알리면서 비록 몸은 멀리 떨어져 있으나 여전히 그를 군산 선교지의 동료 사역자로 대하는 불의 세심한 배려도 드러난다. 오긍선이 알렉산더의 후원으로 켄터키에서 유학 중이던 시기에 쓴 편지에서 불은 오긍선의 안부를 궁금해하고, 오긍선이 학위를 마치고 의료 선교사가 되어 군산 병원에서

활동하던 시기에는 오긍선의 안부를 알렉산더에게 전해주기도 한다. 군산 사역을 함께하던 윌리엄 전킨 선교사가 1908년 1월 2일 사망하였을 때 불은 미국에서 안식년을 보내고 있었는데, 전킨의 사망을 직접 언급한 편지는 없으나 1908년 6월 2일 자 불의 편지에는 자식 3명을 먼저 보낸 후 남편마저 잃고 방금 한국에서 돌아온 전킨 부인에 대한 소식을 알렉산더에게 전하고 있다.

우정과 신뢰를 통해 이룬 하늘나라에의 '투자'

불의 편지 글이 담고 있는 이러한 내용들은 알렉산더가 떠난 후 의료 선교의 공백을 채우지 못해 겪고 있는 어려움, 군산 지역 선교를 위한 다리 공사와 풍차 부품 구입 등과 같은 업무 관련 소식들, 선교사들 사이의 의견 대립 등을 담담하게 전하는 와중에 드러난다. 그러나 불이 담담하게 전하는 이 소소한 이야기들 사이에서 우리는 이 세상의 관점으로는, 특히 자기 사랑이 모든 법칙의 공리처럼 된 오늘날의 세상적 관점으로는 그 근원을 찾기 어려운 기독교적 사랑을 감지할 수 있다. 알렉산더는 경마에 최적화된 우수한 품종의 말을 분양하는 사업으로 모은, 할아버지 때부터의 막대한 재산을 물려받았다. 그는 한국 선교활동을 접고 미국으로 돌아가 아버지의 사업과 유산을 관리하는 일에 몰입해야 했다.

그렇기 때문에 알렉산더와 한국 선교와의 인연은 이러한 막중한 임무로 인해 완전히 끊어질 수도 있었다. 그런데 그는 자신이 받은 유산의 일부를 군산에 보내 병원을 짓고 다리를 놓는 데에

'투자'하였다. 열강의 각축전 속에서 외세의 힘을 빌려 자국 개혁 세력을 말살시키기로 결정한 무능한 수구 세력에 의해 꿈이 좌절된 한국 청년을 후원하여 군산 지역 의료 선교사로 다시 태어나게 하는 데에 또 다른 일부를 '투자'하였다. 그리고 불은 이 편지 교환을 통해 군산 선교지부와 알렉산더 사이에서 지속적이고 투명한 소통이 이루어지게 함으로써 그가 이 '투자'를 잘 이행하여 선교활동의 끈을 놓치지 않도록 해주었다.

본서에 수록된 19통의 편지 어디에서도 이러한 일을 행하는 동기로서의 자기 사랑의 흔적은 불에게서도 알렉산더에게서도 찾아보기 어렵다. 그렇다고 과도하게 종교적 언어를 사용하면서 자신들의 역할에 대한 신앙적 의미 부여를 넘치게 드러내고 있지도 않다.

그렇다면 무엇이 이들로 하여금 이러한 놀라운 일들을 담담하게 행하도록 하였을까? 인간을 지배하고 인간으로부터 참된 의미를 이끌어내는 그 무엇이었을 것이다. '그 무엇'이 이들에게는 어떤 내면적 힘으로 다가왔을까? 이 물음에 대한 답은 이 편지글 안에서 불이 알렉산더에게 전하는 소소한 사건들을 우리가 진부한 종교적 일상의 편린들로 흘려보내지 않는다면, 우리가 의미 있게 바라보고자 한다면 이 땅 어딘가에 늘 남아 있을 그들이 남긴 하늘나라의 흔적처럼 생생하게 드러날 것이다.

임현진

번역문

윌리엄 불이 알렉산더에게 보낸 편지

William Ford Bull 선교사가

Alexander John Aitcheson Alexander에게 보낸 편지

	날짜	보낸 장소
1	1903.06.19	군산
2	1903.08.10	군산
3	1904.01.27	군산
4	1904.02.06	군산
5	1904.03.23	군산
6	1904.10.24	군산
7	1905.01.09	군산
8	1905.12.07	군산
9	1906.04.11	군산
10	1906.07.10	군산
11	1907.01.04	군산
12	1907.07.09	Staunton, VA
13	1907.08.09	Staunton, VA
14	1907.11.20	Norfolk, VA
15	1907.12.11	Norfolk, VA
16	1908.04.23	Staunton, VA
17	1908.06.02	Staunton, VA
18	1908.12.29	군산
19	1910.05.14	평양

1903년 6월 19일
조선, 군산

존경하는 형제님께

그간 편지를 쓰지 않은 데에 대해 어떤 핑계도 대지 않겠습니다만, 편지를 쓸 시간을 별도로 잡고 집중해서 편지를 쓰려고 했습니다. 마미 자매님은 어제서야 형제님께서 보내온 좋은 편지를 읽었고, 저희 모두도 고맙게 읽었습니다. 그 편지에는 저희가 관심을 갖고 있는 소식들로 가득 차 있었기 때문에, 그 편지를 진지하고 고맙게 읽을 수밖에 없었습니다.

의사를 조속히 구할 수 있을 것이라는 소식을 듣고 매우 기뻤습니다. 의사에 대한 아주 막연한 소문만 들었을 뿐, 누가 언제 어디서 오는지는 정확히 알 수 없었습니다. 그분이 헤지스 선생이시고, 그분이 조선으로 떠나기 전에 형제님께서 그분을 만날 수 있기를 바란다는 내용이 그 편지의 요점이기 때문에, 저희는 그 의사 선생님께서 곧 올 것으로 기대합니다.

저희는 의사가 절실히 필요합니다. 아시는 것처럼 전킨 선교사님은 강건하지 않기 때문에 지속적인 돌봄을 필요로 합니다. 저희는 지금까지 그분과 힘든 시간을 보내왔습니다. 그는 또 다시 편도선염을 심각하게 앓았습니다. 예상한 시간보다도 꽤 오랜 시간이 경과한 후에 염증의 종기가 터졌기 때문에, 저희는 디프테리아가 틀림없다고 생각했습니다. 한때 그의 목구멍이 막힐 것으로 생각했고, 그를 위해 어떻게 해야 할지를 몰랐습니다. 너무도 어렵고 다급해서 밤중임에도 불구하고 잉골드(Ingold) 의사 선생께 전화를 했고, 그분은 병명을 듣자마자 잠자리에서 일어나 달려왔습니다. 저희는 저희가 받아야 할 모든 관심을 받아왔고 그 관심이 충분하였기에 고통을 받지 않아왔습니다. 이에 대해 주님께 감사하였습니다.

전킨 선교사님께서 어린 아기를 잃었지만, 잉골드 선생은 여기서 저희와 함께 해주시면서 할 수 있는 모든 것을 다했습니다. 저희에게 거의 매일 찾아오는 고통스러운 사건들이 있기 때문에, 조선인을 위해 이곳에 의사 선생을 모실 수 있다는 것을 매우 기뻐합니다. 물론 이런 일이 이루어지면 조선인들을 위한 우리의 사역에 큰 힘이 될 것은 말할 나위가 없습니다.

저는 항상 일에 몰두하며 일을 즐기고 있습니다. 정기적으로 설교하기 위해 노력합니다. 그렇게 하는 것에 저의 모든 힘을 쏟습니다. 오 선생(오긍선-역자 주)이 무척 보고 싶지만, 그는 큰마음을 갖으려고 하지 않고 돌아와도 사역에 유용하지 않기 때문에 그가 가도록 한 것에 대해 후회하지 않습니다.

저에게는 장 서방이라는 나이 든 선생님이 있는데, 그분에게서 무엇을 배우려고 하는 것은 마치 마른 우물에서 물을 길어내려고 애를 쓰는 것과 같습니다. 저의 상태가 좋아지는 대로 선생을 바꾸려고 하지만, 좋은 선생을 찾기가 어려워요.

형제님은 아마 장 선생을 기억하실 텐데요, 얼마 동안 형제님께서 참석하셨고 제가 통역을 한 집회에서 뵌 여자분의 남편입니다.

그 여자분은 형제님께서 참석하셨던 집회에 왔었습니다. 그때 저는 형제님을 위한 통역을 하였습니다. 제가 이 글을 쓰고 있을 때, 장 선생이 들어왔어요. 형제님께 편지를 쓴다고 했더니, 안부를 전해달라고 합니다.

오 선생은 아버지께 자주 편지를 썼고, 저는 그때마다 그 편지를 받아서 읽어보았습니다. 사물에 대한 그의 인식은 꽤 흥미로웠습니다. 거의 모든 편지에서 "안 의원[1]"을 언급하며 세상에 흔하지 않은 진정한 친구로 여기며 형제님께 받은 큰 은혜를 결코 갚을 수 없을 것이라고 말했습니다. 그는 편지마다 사람들에게 자신은 잘 먹고 잘 입으며 잘 지내니 걱정하지 말라고 말합니다. 또한 그는 그들에게 그가 겪어온 놀라운 경험에 대해 이야기합니다.

지난번 우편물을 통해 아주 부드러운 면도기를 뜻밖에 받고 매우 좋았습니다. 이렇게 배려해 주셔서 정말 고맙습니다. 면도기에 대해 나눈 우리의 대화를 형제님께서는 잊지 않으셨습니다. 그 면도기를 볼 때마다 형제님을 떠올릴 것이며, 형제님을 생각하게 되면 자주 저의 마음은 형제님이 계시는 켄터키를 향해 내달리는 정도까지는 아니어도, 그곳에서 형제님께서 어떻게 지내시고 무엇을 하시고 있는지 등을 궁금해할 것입니다. 형제님과 형제님께서 관심이 있는 것들에 관한 편지를 받고 우리는 늘 기뻐합니다. 저희는 형제님의 관심의 중심인 "하나의" 목적과 그것이 온 세상을 흥미롭게 하고 있다는 것을 듣고 싶습니다. 그 관심이 최

---

1 안 의원(安醫員)은 안력산(安力山) 의원(醫員), 즉 의사 알렉산더의 한자식 표기이다.

고조에 달했을 때, 저희를 방문해 주시면 좋을 것 같습니다. 정해지는 대로 저희에게 꼭 알려주십시오.

해리슨(Harrison) 부인은 발진티푸스의 심한 병을 알고 있습니다. 얼음이 없어서, 여기에서 얼음을 그곳으로 보내야만 했어요. 지난 이틀 동안 그녀로부터 소식을 듣지 못했지만, 그녀의 약한 체질 때문에 매우 불안합니다.

전주에서의 사역이 잘 진행되고 있습니다. 테이트는 금년 봄에 한 번에 몇 주간 여행을 자주 하면서, 시골 사역을 잘 해냈습니다. 해리슨 또한 짧은 여행을 몇 번 다녀왔습니다. 테이트는 여자들 사이에서 사역을 하고 있습니다. 스트래퍼(Straffer)는 여기 여자분들과 여학교에서 수업을 맡고 있습니다. 마가렛(Magaret)은 그 여학교의 교직원으로 매일 스트래퍼를 돕고 있습니다. 전킨 선교사님은 기력이 있을 때에는 시골에 가끔 가지만, 몸이 너무 아파서 규칙적으로 가지는 못했습니다.

서울에 있는 레이놀즈는 번역과 주택 건축을 해왔습니다. 맥은 목포에서 언어 공부를 열심히 해오고 있고, 형제님께서 이곳을 떠난 이후로 맥을 만나보지는 못했습니다만, 가끔 그로부터 소식을 듣곤 합니다. 벨은 그곳에서 일을 하느라 정신이 없습니다. 다음 달에 이곳에서 여름 휴식을 취할 예정입니다. 여기를 본부로 삼고, 배 타고 짧은 여행도 하고, 틈틈이 테니스, 탁구 등도 하려고 합니다. 테이트, 벨과 맥이 참여할 것이며, 스트래퍼는 서울에서 젊은 여성분을 모시고 올 것이며, 잉골드 선생님은 전주에서 올 것입니다. 형제님께서 저희와 함께 여기에 계실 수 있으면, 더 유익하고 재미있게 시간이 될 텐데요. 올 봄에는 형제님의 테니스 라켓을 사용했습니다만, 지금은 제 것을 사용하고 있어요.

지난번 편지에서 이곳에 있는 형제님의 소유물, 특히 제가 사용하고 있는 것들에 대해 어떻게 하고 싶은지 여쭈었습니다. 그러나 형제님으로부터 답신을 받지 못했습니다. 조리용 스토브, 매트, 흔들의자 하나, 거실용 테이블과 소총(라이플)이 있습니다. 제가 사고 싶은 것들이 있는데 가격들은 모르며, 형제님께서 파신 돈을 어떻게 처리하고 싶은지 모르겠습니다. 형제님의 휴대용 전등도 가지고 있습니다. 어떻게 해야 할지를 알려주세요. 물론 형제님의 식탁 의자도 있지만, 우리는 의자 몇 개와 테이블을 주문했습니다. 그러나 의자에 대한 형제님의 회신에 따라 주문을 조정할 수도 있습니다.

이번에는 형제님께 다른 편지 몇 통을 더 보내 드리려고 합니다. 그리 많지는 않아도 그 편지들을 통해 이 편지에서 말씀드리지 못한 것들에 대한 소식을 들을 수 있다고 생각하기에 이만 줄이려고 합니다. 우리 모두에게 선한 일들이 이루어지기를 기도하며.

형제님의 친구이자 형제인
W. F. 불.

추신. 이 편지를 타자로 치기를 마친 후, 타자기에서 꺼낸 직후 해리스 부인께서 소천하셨다는 전보를 받았습니다. 우리 모두 애도합니다.

1903년 8월 10일
조선, 군산

존경하는 형제님께

제가 편지를 써서 보내고 그리고 그에 대한 답신을 받은 이래로 너무 긴 시간이 지나서야 편지를 쓰게 되어 매우 송구합니다. 훨씬 전에 "고맙습니다"라는 단어를 사용하여 편지를 써야 했습니다. 제 아내는 거의 매일 "알렉산더 박사님께서 베풀어 주신 큰 친절에 대한 감사의 편지를 써서 박사님께 꼭 보내야만 합니다." 라고 말해왔습니다. 제 아내의 말보다 훨씬 더 감사를 드려야 마땅하며, 그 감사는 말로 표현할 수 없는 정도입니다. 참으로 박사님의 관대함과 친절에 감사를 드립니다.

박사님께서 우리에게 준 선물은 저희가 집에서 편안히 지내도록 하는 데에 큰 도움이 되었고, 저희의 진실하고 소중한 친구인 "알렉" 박사님을 늘 감사하게 회상할 것입니다. 제 아내는 요리용 스토브에 도취되어 있고, 저는 소총이 좋아 죽을 지경입니다. "호랑이"를 잡아 그 가죽을 모두에게 큰 즐거움이 되도록 보여줄 것을 상상해보기도 합니다. 그들이 전에 소총을 본 적이 있다고 하더라도 상관이 없는데, 그 이유는 그들은 "저의 소총"을 본 적은 없기 때문입니다.

식탁과 의자를 포함하여 몽고메리 워드[2]에 주문한 것의 선하증권(B/L)을 오늘에야 스튜어드로부터 받았습니다. 이제는 박사님께서 저희를 방문하실 때, 보조 테이블을 놓지 않아도 되게 되었습니다.

박사님께서 주신 좋은 선물들은 저희 집의 가구를 장만하는 데에 많은 진전을 이루게 했습니다. 저희가 조선에서 주문한 지 두 달 정도 되었는데, 몽고메리 워드가 원산으로 보냈고, 지금은 주문한 그것들을 저희가 사는 곳으로 가져오고 있는 중입니다.

미안합니다만 전킨 선교사가 또 아프다는 소식을 전합니다. 몇 주 동안 지속된 지난번의 병에서는 나았지만, 다시 이질에 걸려서 누워있을 수밖에 없어요. 그는 지금 2~3주 동안 아팠고 약 2주 동안은 누워 있었습니다. 전킨 선교사님은 매우 심각한 상태에 있습니다. 저희는 서울의 의사에게 전보를 쳤고, 오늘 에비슨 의사 선생이 이곳에 도착했습니다. 물론 저희는 그분을 뵙게 되어 기뻤습니다. 그는 매우 힘든 여행을 했습니다. 토요일 오후에 제물포[3]를 출발해서 도착한 오늘까지 심한 뱃멀미를 했다고 합니다.

전킨 선교사님께서 상당히 위독한 상황에 처해져 있기에 불안합니다. 전에 한번 6개월 동안 침대에 누워있었던 적이 있었는데, 이번에 또 그렇게 되었습니다. 하지만 지금은 좋은 의사 선생께서 전킨 선교사를 돌보고 있다는 것에 감사합니다. 의사 얘기가 나와서 말입니다만, 여기의 사역을 위해 한 명이나 두 명의 의사들을 얻기를 바라고 있습니다. 하지만 아직까지는 단 한 명이라도 올

---

2 몽고메리 워드(Mongomery Ward): 상품을 우편으로 주문하면 그 상품을 원하는 장소에 배달하여 주는 소매를 하는 미국 회사.
3 인천의 옛날 이름.

수 있다는 긍정적인 소식을 듣지 못했기 때문에, 단지 희망에 불과합니다.

그들이 올 수 있기를 바란다는 박사님의 편지와 체스터 박사님으로부터도 비슷한 표현의 편지를 받아왔습니다만, 구체적이지는 않습니다. 누군가가 준비가 되었다는 긍정적인 말을 듣기를 바라고 있습니다.

전킨 선교사를 제외하고는 저희 모두는 잘 지내기 때문에 의료적인 치료가 필요하지 않았지만, 조선인들에게는 많은 질병이 있습니다. 그 많은 질병들이 바로 우리 집 문 앞에 있고, 조선은 그러한 질병들로 가득한 나라입니다. 그들은 끊임없이 저희에게 도움을 요청하지만, 저희가 그들을 위해 해줄 수 있는 것은 거의 없습니다. 저는 우리 모두가 잘 지냈다고 말씀을 드렸지만, 윌리엄이 지난 며칠 동안 몸이 좀 안 좋습니다. 이 작은 아가씨는 아픈 적이 없었고 밤에는 깨지 않고 줄곧 자고 낮에도 잠을 잘 잤지만, 이제는 최고의 매력적인 모습을 볼 수 없습니다. 그녀는 나날이 강해지고, 뚱뚱해지고, 엉뚱해지고 있습니다.

벨, 맥, 그리고 테이트가 지금 우리와 함께 휴가를 함께하며 즐거운 시간을 보내고 있습니다. 그들은 이번 주에 떠날 것입니다. 테이트는 8월 17일에 ○○○○로 돌아갈 것입니다.

지난주에는 이 편지 쓰는 일을 끝내지 못했습니다. 꽉 찬 일정으로 매우 바빴기 때문입니다. 테이트는 지난주에 떠났고 벨과 맥은 모레 떠날 겁니다. 그들이 떠나고 나면 우리는 그들을 매우 그리워하겠지요.

우리는 가장 즐거운 시간을 보냈습니다. 우리는 매일 성경공부를 했습니다. 한 시간을 하기로 예정되어 있었지만, 매일 아침 두 시간 가깝게 했고, 남자들이 교대로 인도했고, 일요일 오후마다 설교를 했고 들었습니다. 저희는 테니스를 치고, 보트를 타고, 수영을 하고 (그리고 마침내 몽고메리 워드의 주문이 도착하였습니다.) 탁구를 쳤습니다, 소녀들과 방문한 형제들은 독서로 나날을 보냈습니다.

저는 그동안 너무 바빠서 오후에만 운동을 하였습니다. 우리는 테니스를 쳤습니다. 맥과 저는 대등한 정도이고, 단식 경기도 재미가 있었습니다. 일반적으로 세트에서는 6대 6이었습니다. 저희는 4세트 중 2세트씩을 이겼어요. 첫 세트는 매 게임마다 비겼고 결국 세트도 비기게 되었습니다. 박사님의 라켓을 마음껏 사용했지만, 라켓을 상하게 하지는 않았습니다.

에비슨 의사 선생님은 토요일에 서울로 떠났습니다. 전킨 선교사님은 아직 누워 계시지만, 조금 나아졌어요. 그렇더라도 연례회의에 참석할 수 있을 정도로 건강하지 않기 때문에 걱정입니다. 전킨 선교사님을 여기에 혼자 계시게 할 수는 없어서 연례회의를 연기해야 할 것 같습니다. 박사님께서 여기에 오셔서 그 회의에 참석했으면 하는 바람입니다.

여기의 강 건너편에 있는 충청도에서 좋은 사역이 열리고 있습니다. 맥과 저는 어제 강을 건너 그곳을 방문하였습니다. 거기에는 새로운 장소가 두 군데 있는데, 각 장소마다 정기적으로 삼사십 명 정도 모일 수 있습니다. 그곳의 큰 마을에는 교회의 핵심이 될 수 있는 분들이 있는데, 세례를 받은 남자 한 분과 믿음에 관심 있는 두 분들입니다.

잉골드 의사 선생님과 테이트 양은 서울 외곽의 산속에서 휴가 중에 있고, 해리슨은 중국에 있고 테이트는 지금 전주에 혼자 있습니다. 어머니와 여동생들은 이제 미국으로 돌아갈 준비를 하고 있습니다. 그들이 돌아갈 것을 생각하면 목이 메입니다. 하지만 이렇게 오래 함께할 수 있는 특권을 갖게 된 것에 대해 진지하게 감사해야만 합니다. 그들 모두는 "알렉산더 박사님"께 감사와 존경을 보냅니다. 그들이 미국으로 돌아가서 박사님을 뵙게 되기를 바랍니다. 노퍽 근처로 가실 기회가 생긴다면, 박사님 꼭 그들을 만나주십시오. 그들이 군산에서 알게 된 박사님을 만난다면, 그들은 매우 기뻐할 것입니다.

계속 쓰고 싶지만 이제 멈추어야 합니다. 글을 쓸 수 있으면 좋겠지만 멈추어야 해요. 시라카와가 들어올 예정이기 때문에, 그녀를 맞이하러 가야합니다.

저희 모두의 극진한 사랑을 담아 보내며,
박사님의 친구이자 형제인
W. F. 불.

1904년 1월 27일
군산, 조선, 아시아

A. J. A. 알렉산더 박사
스프링 스테이션, 켄터키, 미국

존경하는 형제님

저희는 오늘 세례문답으로 바쁩니다. 저는 지금 막 저녁 식사를
마치고 전킨 선교사님과 세례 받기를 원하는 분들이 돌아오기를
기다리는 동안, 형제님께 한두 줄이라도 편지를 쓰려고 합니다.
며칠 동안 편지를 쓸 시간을 가지려고 노력했지만, 예배와 감사
위원회 준비를 위한 회계정리, 그리고 우리 집 도배로 눈코 뜰 새
가 없었습니다.

전킨 선교사님과 저는 올 겨울 사역을 감당하기에 계속 바빴습
니다. 사역은 계속 성장하고 점점 더 널리 퍼지고 있습니다. 따라
서 사역을 수행하는 데에 더 많은 시간이 소요됩니다. 저희는 얼
마 전에 함께 강을 건너 충청도로 가서 믿는 분들을 살펴보았습니
다. 마흔네 분을 만나보았고, 여섯 분이 세례를 받았습니다. 전킨
선교사님은 최근 자신의 지역에서 활동하고 있고 몇 명의 사람들
을 교회로 보냈습니다.

지금 스테이션에는 저희들 두 가족만 있습니다. 작년 겨울 전까
지는 저희는 오로지 외로움만을 만끽할 수 있었습니다. 그렇지만

작년 겨울에는 형제님과 맥, 어머니 그리고 여동생들과 같은 좋은 친구가 함께 있어서 우리는 꽤 좋았습니다. 올해 크리스마스가 다가옴에 따라 작년 크리스마스의 좋은 시간이 자꾸 눈앞에 떠오릅니다. 올해가 작년에 비하여 너무 단조로울 것이라는 우울한 생각이 들었습니다. 형제님이 너무 그리웠습니다. 그렇지만 조선 사람들이 크리스마스와 특히 크리스마스 장식나무(트리)에 매우 관심을 갖고 좋아하기 때문에, '큰' 크리스마스를 보내고 싶은 이기적인 욕망을 잊으며 역시 즐거운 시간을 보냈었습니다.

남학생들은 이날 작년처럼 올해도 "안 의원과 포 목사님의 여동생"께서 도와주시기를 바란다고 말했습니다. 사실, 저희 모두는 늘 형제님을 기억하며 생각합니다. 그래서 그들은 저에게 형제님께 편지를 쓰도록 요구하였습니다. 고향집을 떠난 저는 크리스마스 날에 어머니께 편지를 쓰는 습관이 있었지만, 교회에서 너무 늦게 집에 돌아왔기 때문에 어머니께조차도 편지를 쓰지 못할 형편인 데도 형제님께는 꼭 편지를 써야 합니다.

저희는 전킨 선교사님 댁에서 크리스마스 저녁을 먹었습니다. 그리고 식탁에 있을 때에, 미국으로부터 "몇 통의" 커다란 우편물과 샌프란시스코에서 어머니와 소녀들이 저희에게 보낸 물건의 선하증권을 스튜어드로부터 받았습니다. 그 선하증권에는 몇 가지 가구들과 도배지가 포함되어 있었습니다. 그래서 결국 우리는 매우 즐거운 크리스마스를 보낼 수 있었습니다.

초라한 크리스마스 대신에, 우리는 두 번의 큰 크리스마스를 가졌습니다. 첫 번째는 크리스마스 날이고, 두 번째는 며칠 뒤 형제님께서 이곳에 두고 간 물건들을 사용하라는 형제님의 편지를 받은 때입니다. 재산의 처분을 우리를 이렇게 배려하시는 방법으로 하시니 저희의 감사는 말로 표현할 수 없습니다. 기억을 할 필요는 없을지라도, 주신 선물들은 항상 저희와 함께 있을 것입니다. 비록 저희가 바라는 것들을 받아서 매우 기쁘더라도, 형제님께서 여기에 계시지 않을 것이기 때문에, 형제님께서 그것들을 사용할 수는 없고 저희는 형제님으로부터 떨어져 있어야 한다는 것에 대해서 모두 안타깝게 느낍니다. 이제 저희는 형제님의 소유물이 아닌 형제님 자체를 가진 것으로 여깁니다.

며칠에 걸쳐 이 편지를 쓰고 있는데, 시간이 나면 한 번에 몇 줄을 쓰고 있습니다. 세례문답에 관한 내용으로 이 편지를 시작을 했습니다. 저희는 모두 12분에 대한 세례문답을 실시하였습니다. 오 선생의 어머님과 여동생이 그 숫자에 들어 있었고, 매우 좋은 결과를 보였습니다.

열두 분 모두가 올 봄에 세례를 받을 것이며, 세 명에게 즉시 세례를 줄 것입니다.

저희는 이번 겨울에 너무 바빠서 사냥을 겨우 몇 번 밖에 나가지 못했습니다. 그러나 말씀을 전하는 장소들로 오가는 길에서 많은 사냥감을 얻었습니다. 작년과 마찬가지로 올해도 저희가 사는 언덕 바로 앞 벌판에는 사냥감이 없지만, 다른 곳에는 사냥감이 많이 있습니다. 우리 집에서 보이는 논에는 거위와 오리가 많지 않지만, 강을 건너거나 언덕을 넘어가면 그것들을 발견할 수 있습니다. 그러나 이 근처 언덕에는 다른 어떤 곳보다 많은 꿩들이 있습니다. 작년에 형제님과 저희의 사냥에 대해 저희는 자주 이야기를 했고, 형제님께서 저희와 함께 더 많이 사냥을 가셨으면 좋았을 것이라고 생각하였습니다.

우리는 헤지스가 어떻게 되었는지 매일 궁금합니다. 그들이 조선에 오기를 결정한 이후로 어떤 연락도 받지 못했습니다. 우리가 받은 연락은 오직 형제님을 통해 받은 것뿐입니다. 그들 중 일부는 출발하는 날짜가 변경되어 이런 저런 날짜에 떠나게 될 것이라든지 또는 언제 떠날지 모른다는 등의 연락을 전혀 하지 않는 이유가 무엇인지 궁금합니다.

전킨 선교사님은 한 의사로부터 "정한 날짜에 조선으로 떠날 예정이니 겨울나무를 구해달라"는 편지를 받았습니다. 저희가 들은 것은 이것뿐이며, 계획 변경 등에 대해서는 통보해 오지 않았기 때문에, 당연히 그 형제님으로부터 소식이 오기를 바라고 있습니다. 조만간 그가 이곳에 모습을 보일 것으로 기대합니다. 이곳에서 일할 의사를 구하는 데 보여주신 큰 관심과 노력에 대하여 진심으로 감사드립니다.

우리는 의사를 간절히 원하고 있고 알맞은 때에 적합한 사람이 올 것을 알고 있지만, 그래도 그때가 빨리 오기를 바랍니다.

형제님께서 노퍽의 프리메이슨가(街) 285번지로 가는 길을 잘 찾게 되기를 바랍니다. 저는 어머니와 소녀들이 "궁말"의 오랜 친구를 만나는 것이 매우 즐거울 것이며 형제님은 많은 흥미로운 것들을 회상하실 수 있을 것입니다. 예를 들면 권문의(Quan Moonie)의 집에서 있었던 결혼식, 그 후에 펼쳐진 잔치, 그리고 전주에서 돌아온 여행, 송지동의 밤과 같은 것입니다.

저희는 아직 풍차 위로 올라갈 수 없었습니다. 풍차가 이곳에 도착한 직후부터 추운 날씨가 찾아왔고, 봄까지 기다렸다가 위의 한 부분을 수리하는 것이 낫겠다고 생각했습니다. 한 일본인이 제물포에서 내려와서 그 수리한 것을 위에다 얹을 것이며, 그런 후에는 곧 풍차가 작동하기를 바라고 있습니다.

저희는 다리와 길 공사를 시작하지 않았습니다. 저희와 다리 공사를 계약하려는 사람들은 브루클린 다리 같은 것을 생각해 왔고, 저희는 그저 우리가 안전하게 건널 수 있는 평범한 것을 원하기 때문에, 그들을 설득할 수 없었습니다. 그들의 가격이 너무 높아서 그것을 받아들일 수 없었습니다. 최소한 돌기둥으로 다리를 놓을까도 생각해 보았지만 가격이 매우 비쌌고 그리고 조선인들이 다리 놓기를 간절히 원하는 것을 알았기 때문에 3, 4년 정도 견딜 수 있는 훨씬 저렴한 다리를 놓으려고 하고 있습니다.

일단 저희가 다리를 놓기만 하면, 곧 조선인들은 다리 없이는 생활할 수 없다는 것을 알게 되고 다리는 생활의 중요한 것으로 인식하게 됩니다. 그러면 저희가 다시 놓지 않는다 하더라도 조선인이 알아서 다시 놓을 수도 있을 것입니다. 그들은 모두 다리에 열광하지만, 그들이 어떻게 이 문제에 도움을 줄 수 있는지 찾아보려고 하지 않고, 모두들 다리로부터 얻을 이득만을 생각하는 것처럼 보입니다. 저희도 역시 그 다리로 인해서 하루하루를 편리하고 편안하게 보내기를 희망합니다.

여기서 우리가 견뎌야 할 가장 어려운 일 중 하나는 일이 잘

풀리기를 앉아서 기다려야 하는 것이라고 생각합니다. 조선인들이 속여서 거래를 하지 않도록 하기 위해, 우리는 전체적으로 중요한 점에 대해 무관심한 척해야 한다는 것인데, 급히 서두르지도 않고 매우 적극적으로 하지 않는 듯이 보이는 것입니다.

수요일부터 쓰기 시작해서 지금은 금요일 밤입니다. 아침에 시골로 떠나기 때문에 이제 그만 멈추고 시골로 떠날 준비를 해야 할 것 같습니다.

저와 아이들을 포함한 우리 모두의 최고의 사랑으로,

형제님의 친구이며 형제인,

W. H. 불.

추신. 전주에서 돌아오는 여행에 관한 것을 뒷이야기로 쓰려고 했습니다. 하지만 그렇게 생각하다 보니 모든 것이 너무 생생하게 떠올라 기억하시는지 보려고 몇 가지 질문을 드리고 싶습니다.

우리가 처음 머물렀던 곳과 자신의 방을 우리에게 양보했던 주인을 기억하시나요? 다음 날 아침 우리가 떠나려고 할 때, 짐꾼들이 나타나지 않았습니다. 기다리다 못해서 저는 짐꾼들을 찾기 위해 돌아다녔고, 그들 모두가 도박하고 있는 것을 발견했습니다. 결국 제가 앞서 갔고, 형제님은 나와서 잘못된 길로 갔기 때문에 닐과 헤어졌습니다. 짐꾼들 모두가 노름을 하고 있을 때 저는 다시 여관으로 돌아가야만 했고, 저의 총을 사용하여 그들 모두를 밖으로 내몰 수밖에 없었습니다.

우리가 송지동을 찾아갔을 때는 어둠이 깔렸을 때였는데, 몇 시였는지 기억하시나요? 그리고 그날 밤 바닥에서 자려고 했던 것을 기억하세요? 그리고 제가 탄 말은 밤새도록 창문을 향해 포격을 하였습니다. 그리고 다음날 만자산에서 점심 먹은 것을 기억하세요? 그리고 우리 집에 도착하기 전 우리 집들이 보이는 언덕 꼭대기에서 꿩 사냥을 했던 것을 기억하세요? 우리 집 바로 앞 벌판에서 헤어지려고 할 때, 형제님께서 총을 쏘셨고 모든 사람들이 그 소리를 들었을 때 그들이 느꼈던 기쁨을 기억하십니까? 그리고 "불 부인, 집에 먹을 것 좀 있으세요?"라고 말한 것을 기억하세요? 그리고 무엇보다도 외눈 마부와 우리 세 마리 말을 기억하십니까?

이 모든 것을 기억하지 못하신다면, 저는 매우 의아해할 것입니다. -- "가는 것"도 기억했습니다 -- 제가 겪었던 일들 (허름한 조선 가옥에서의 밤, 폐렴에 대한 두려움, 저를 덮은 덮개) -- 저희에게 매우 힘든 시간이었기 때문에, 이 모든 것을 생각하면 바로 고향이 그리워집니다.

박사님 자신께서 조선으로 돌아오시고, 다른 분을 우리에게 보내지 않았으면 하는 마음입니다. 계속 약을 잘 복용하고 계시나요? 아니면 업무 때문에 바쁘셔서 그러실 수가 없는지요?

[진심으로]
W. H. B.

1904년 2월 6일
군산

존경하는 형제님

방금 켄터키의 댄빌에 있는 오 선생님께 편지를 보냈습니다.
형제님께서도 오 선생께 편지를 쓰셔서 그에게 전달해 주시겠습
니까?

우리 모두의 사랑을 듬뿍 담아
진심으로
W. F. 불.

1904년 3월 23일
군산

A.J. A 알렉산더 박사
스프링 스테이션, 켄터키, 미국

존경하는 형제님

저는 방금 사랑방에서 기도하고 올라왔습니다. 저는 책들로 매우 바쁜 하루를 보내고 있고, 밥을 먹을 때에도 책상을 떠나지 않고 일을 합니다. 그래서 지금 매우 피곤하고 잠을 자야겠습니다. 따라서 이번 편지에서는 말하고 싶은 많은 것을 다 적을 수는 없을 것 같습니다.

풍차에 관한 것입니다. 지금쯤 가동을 했어야 합니다만, 여기서는 무엇을 하더라도 시간이 많이 걸리는 것을 아시지요. 포장을 뜯을 때 우리는 매우 작지만 매우 중요한 부분이 부서진 것을 발견했습니다. 우리가 그것을 고쳤을 때는 이미 겨울이 다가왔기 때문에 우리는 봄을 기다리는 편이 낫겠다고 생각했습니다. 올해는 추위가 예년보다 훨씬 오래 지속되었고 어제도 눈이 왔습니다. 이제는 풍차를 설치해야 할 때가 되었고, 제물포에서 일본인 기술자가 내려오는 대로 설치를 하려고 합니다. 우리가 직접 할 수도 있지만, 돈을 주더라도 우리보다 더 잘할 수 있는 사람에게 하도록 하고, 그 일로 저희가 시간을 빼앗기지 않고 우리의 정해진 사역을 충실히 하는 편이 더 낫다고 생각했습니다.

파손된 부분을 수리해서 사용할 수 있도록 해 두었지만, 오래 지속되지 않을 것 같아 걱정됩니다. 그래서 그 회사에서 다시 그 부품을 구해 보내 주시면, 감사하겠습니다. 번거롭게 해드려 죄송하지만, 저희보다 더 잘 구하실 수 있을 것 같아서 부탁을 드립니다.

부서진 부분은 풍차 방아의 최상단 크랭크입니다. 그 부품이 어떤 것인지 알려 드리기 위해, 매우 서툰 솜씨이지만 그린 '도면'을 동봉하였습니다.

속달 편으로 캘리포니아의 샌프란시스코에 소재한 스미스의 캐시 스토어로 그 부품을 보내주시고, 스미스에게 제물포에 소재한 이. 디. 스튜어드앤코 회사로 선적하여 달라고 알려주실 것을 부탁드립니다.

이제 며칠 후면 풍차 공사가 시작될 예정입니다. 최근에 목포에서 연례훈련 과정이 진행되었고, 참가한 우리 남자 성도님들은 새로운 생명력으로 충만하게 되어 돌아왔습니다. 저는 참가하지 못하고 여기에 남아서 이곳을 지켜야 했습니다. 즉, 오랫동안 여자분들이 혼자 지내도록 할 수 없었기 때문입니다.

헤지스 의사 선생이 올 수 없다는 소식에 매우 실망을 했습니다. 그러나 저희는 형제님께서 의사를 얻기 위해 저희를 위해 해주신 모든 것에 진심으로 감사드립니다.

벨은 마가렛을 아내로 삼아 데려오려고 곧 미국의 집으로 떠나려고 합니다. 그들이 미국을 떠나 조선으로 오기 전에 형제님께서 그들을 볼 기회가 있기를 바랍니다.

죄송한 말씀이지만, 저는 너무 피곤해서 이만 줄여야 할 것 같습니다.

우리 모두 형제님을 사랑합니다.

진심을 담아,

W. F. 불.

추신. 그 크랭크의 번호는 A9입니다.

1904년 10월 24일
군산

A. J. A. 알렉산더 의사
스프링 스테이션, 켄터키주, 미국

존경하는 형제님

편지를 쓰고 싶은 마음이 간절했지만 이런저런 사정으로 행동에 옮기지 못했습니다. 지금도 저는 어렵게 - 침대에 누워서 - 이 글을 씁니다. 연례회의를 마친 그 다음날 이질에 걸린 탓입니다. 다행히도 항구에 도착할 때까지는 버틸 수 있었지만 더 이상은 어려워서 가마를 타고 집에 가야만 했습니다. 그 뒤로 꼼짝 않고 침대에 누워 있은 지 벌써 27일이나 되었지만 아직도 회복되지 않았습니다.

다니엘 의사가 손님방에 묵으며 정성껏 저를 돌보아 주고 있습니다. 뛰어난 의사이기도 하며 훌륭한 품성을 지닌 그의 보살핌으로 몸은 많이 호전되었고, 며칠 지나면 자리를 털고 일어날 수 있을 것 같습니다. 오늘은 잠깐 일어나 앉을 정도로 원기를 되찾았습니다.

제 아내가 미리 말씀드렸듯이, 그동안 전주에서 일하던 포사이드(Forsythe) 의사 선생은 어머니와 여동생이 도착하는 대로 이리로 오기로 하셨습니다. 그 대신 다니엘이 형편이 되는 대로 전주로 떠날 예정입니다.

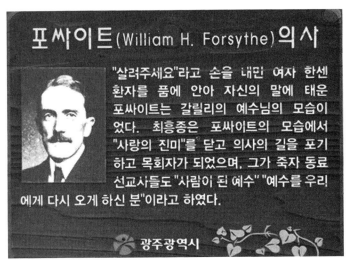

얼마 전 포사이드 선생이 전주로 가던 길에 지금은 목포에 자리 잡고 일하는 놀런(Nolan) 의사 선생과 함께 여기를 들른 적이 있었습니다. 세 명의 의사 포사이드, 놀런, 그리고 다니엘(Daniel)이 자주 제 방에 놀러 왔었는데, 의사를 그토록 바라고 기다리던 저에게는 그들과 가졌던 시간이 꿈만 같았습니다.

우리의 기도를 들으시고 이루어 주신 하나님 아버지께 정말 감사하며, 또한 그렇게 되도록 많은 공을 들이신 형제님께도 진심으로 감사드립니다.

여러 의사 선생들이 있지만, 우리 주치의이신 안 의원을 보고 싶은 마음은 여전합니다. 방문하신 기간이 길진 않았지만, 우리 선교단체의 일원으로 우리 가족의 하나로 여기는 데에는 변함이 없습니다.

제 아내로부터 전킨 선교사님의 가족이
전주로 이사했다는 소식을 들으셨지요. 그
들과의 작별이 많이 아쉽고 갈수록 그리움
이 쌓이지만, 전킨 선교사님은 시골 사역
을 그만두고 그곳 지방 사역을 세우는 데
그의 은사들을 발휘하는 것이 더 나을 것이
라고 모두가 판단하여 내린 결정입니다.

해리슨 선교사

해리슨 선교사는 군산의 학교와 지방 사
역을 맡고 재무와 총무에 관련된 일도 책임지기로 하였습니다. 한
편 전킨 선교사가 맡고 있던 시골 사역은 거의 다 제가 맡아 하기로
해서, 지금은 두 사람 몫의 일을 하고 있습니다.

연례회의를 마치고 돌아온 후로 계획한 큰일들을 진행하기에
매우 적합한 날씨이지만 거동을 하지 못하여 실망스럽습니다. 그
러나 인내하며 모든 일의 주권자이신 예수님께 의뢰합니다. 머지
않아 시골 사역에 전념하게 되면 집에 있는 날보다 집을 비우는
날이 더 많아지게 되겠죠.

보트에 관한 우리의 답장을 받으셨는지 모르겠고, 저의 의견을
확실히 전달하기 위해 몇 자 적으려고 합니다.

전킨 선교사님은 주로 내륙에서 사역을 해왔고 저는 강변이나
해안지방에서 활동했기 때문에 보트에 대한 생각이 서로 다른 것은
당연합니다. 인쇄소에 맡겨 놓은 저희 보고서를 인쇄되는 대로 보
내 드릴 테니 읽어보면 제가 강에서 이동하며 겪은 일을 아시게
될 겁니다. 올해는 내륙에서 해야 할 일이 많아 개발 중이었던 강변

및 해안 사역을 지연할 수밖에 없습니다.

하지만 얼(Earle) 선교사가 조선어를 통달하는 대로 그에게 전킨 선교사가 하던 사역을 맡기고, 저는 강변, 해안, 도서 사역을 전적으로 하고 싶습니다. 이런 날이 빨리 오기를 고대하며, 그때에는 제가 느껴온 필요들을 충족하게 제작된 보트로 일하기를 원합니다. 예를 들어 겨울 추위를 막기 위한 덮개, 잠자리, 짐칸 등을 포함하여 다소 좁더라도 편하게 이용할 수 있는 공간을 만들면 좋겠습니다.

새로 오신 분들 편으로 보내주신 좋은 선물을 저희 모두는 매우 기쁘게 받았습니다. 이렇게 기억해 주셔서 감사드립니다. 새로 오신 분들은 우리의 마음에 드는 분들이며, 협력하여 큰 선을 이루리라 믿습니다.

제물포(인천)에서 실어온 풍차에 대한 관세와 운임, 우리가 고용한 일꾼(조선인 노동자)들의 삯을 지불하고 병원의 토대로 쓸 시멘트 블록 여섯 개를 구입하고 나니 자금이 부족하여 다리 공사는 아직도 연기된 상태입니다. 형제님께서 헌금하셨던 405.00엔은 그대로 있지만 다리를 완공하기엔 부족합니다. 그래서 이번 연례회의 때 우리 선교회(Mission)가 집행위원회에 지원금을 요청하기로 했습니다.

포사이드 부인과 따님이 오시면 형제님께서 머무시던 숙소, 즉 병원이라 불렸던 건물에 살 겁니다. 그리고 전킨 선교사의 집을 따라 도는 길 아래 그리고 우물 바로 위에 있는 군산 언덕에 병원을 지으려고 합니다. 그 405엔을 병원 배관 공사를 하는 데 쓰고,

나머지는 집행위원회가 줄 책정액에 보태 다리를 건축하는 데 쓰겠습니다.

조선 동역자들과 저희 모두 형제님께서 빠른 시일 내에 조선에 다시 오시길 바라고 있습니다.

아파 누워서 쓰기에 이만 줄이려고 합니다.

우리의 사랑을 담아
주님 안에서 당신의 형제인,
W. F. 불 올림.

1905년 1월 9일
군산 남장로교 조선선교회

존경하는 형제님

선교 훈련 수업을 들으며 일에 몰두하는 중입니다만, 한 가지 부탁이 있어 편지를 씁니다. 귀중한 시간을 내어 답변해 주시면 매우 고맙겠습니다.

제가 순회 여행을 할 때 타고 다니는 일본 조랑말이 있습니다. 좋은 놈인데 심한 옴에 걸려 고민입니다. 혹시 그 농장에는 치료방법을 알고 계신 분이 있을 것으로 생각되었습니다. 갈기 아래 피부가 비듬이 많이 난 것처럼 비늘이 생겼습니다. 털이 빠져 군데군데 조그만 그리고 큰 반점들이 보이고 심하게 가려운 듯합니다.

급히 쓰게 되어 양해 부탁드립니다. 우리는 건강하며 매우 바쁘게 지내고 있습니다. 아내와 우리 모두가 사랑으로 하나 되어 지냅니다.

얼마 전 시골에 있을 때 썼던 편지를 읽으셨기 바랍니다.

W. F. 불.

1905년 12월 7일
서천, 익산, 조선

존경하는 형제님

얼 선교사와 저는 전도 여행 중이며 지금은 한 시골 교회에 머무르고 있습니다. 매일 우리 동역자들과 지역 성도들은 함께 나가 인근에 있는 모든 마을에서 복음을 전하고 책자를 나누어 주고 있습니다. 며칠 동안 시간을 내어 편지를 쓰려고 하던 중에, 오늘은 비가 와 집에만 틀어박혀 있어야 하기 때문에 이렇게 편지를 쓸 기회를 얻었습니다.

형제님께서 저에게 쓰신 편지, 특히 형제님의 신혼여행을 다룬 편지를 보내 주셔서 매우 감사하며 기쁘게 읽었습니다.

우리 선교회는 현재 전력을 다해 일하고 있습니다. 우리는 각자 자신의 재능과 능력에 따라 일하고 있습니다. 다니엘은 언어 공부를 하면서 매일 오후에 클리닉을 열어 진료하고 있습니다. 이온테[Eonte] 선교사는 조선어를 배우면서 전도 활동에 참여하기 시작했습니다. 해리슨 선교사는 전라도에 있는 학교와 교회를 책임지고 있고, 저는 최근에 확장된 교회와 충청도 시골 사역을 맡고 있습니다.

1차 전도여행은 북쪽으로 300리를 가면서 시장, 시골의 구석, 마을에서 약 4주 정도 복음을 전하고 돌아왔습니다. 그 후 한 주반을 집에서 보냈고 이번에는 2주 동안 여행할 예정입니다. 2차 전도여행 전에 전킨 선교사를 방문하러 가족과 함께 전주를 다녀왔습니다. 처음으로 전주를 방문하게 된 아내에게 도중에서 흥미로운 구경거리와 우리가 전에 묵었던 여관 등을 보여주었고, 또한 즐거운 추억을 되살릴 수 있어 기뻤습니다.

전킨 선교사가 해리스 선교사의 집에 살고 있었기 때문에, 저희는 형제님과 제가 사용했던 방에서 머물렀습니다. 형제님, 맥, 그리고 제가 함께 갔었던 이후로는 처음이라 자연스레 형제님과 함께했던 시간을 회상하게 되었습니다. 여기저기 둘러보니 옛날 생각이 새록새록 떠올랐어요.

포사이드 의사 선생의 진료소에 내려가 보니, 잉골드 의사 선생이 담당이었을 때 형제님과 함께 그곳에 갔던 때가 생각났습니다. 우리가 눈보라로부터 피난처를 찾은 여관, '닐'과 형제님을 잃어버렸던 그 갈림길 등은 모두 형제님을 기억나게 했습니다. 이 여행에 대해 한 번쯤 편지에 언급한 적은 있지만, 함께 이곳을 다녀간 이후로는 처음입니다.

전주 사역이 순조롭게 진행되는 모습을 보니 기뻤습니다. 포사이드 선생은 의료 선교에, 전킨 선교사는 지역 전도사역에 푹 빠져 있습니다. 저희가 맡은 사역 이외에도 전국적으로 펼쳐지는 주님의 일들로 큰 보람을 느낍니다. 새로운 교회들은 날이 갈수록 늘어 가기 때문에 영적 지도자가 부족한 상황입니다. 가르쳐 달라고 요청하는 지역들을 돌아보는 것이 지금으로서는 가장 큰 어려움입니다.

군산으로 가는 다리가 드디어 완성되었습니다. 길이는 110피트입니다. 도로공사는 아직 시작도 하지 않았지만 감리(監吏)가 주민들을 시켜 바로 착수할 것을 약속했습니다. 이제 다리를 건너 군산으로 갈 수 있지만 만조(한 달에 두 번) 때는 길이 진흙탕이 되어 왕래하기 어렵습니다. 풍차는 잘 작동하여 탱크를 물로 가득 채웁니다. 부러졌던 부분은 고쳤는데 또 망가져서 결국 보내주신 새 부품으로 갈았습니다.

권문의(Quan Moonie) 성도는 여전히 저희와 함께하고 있습니다. 그의 어머니도 마찬가지입니다. 그의 아버지는 저의 전도 조사(助事, Helper)[4]입니다. 형제님께서 잘 아시는 봉권이(Pong Quoney) 성도는 다니엘 선생의 집사로 일하고 있습니다. 형제님께서 아는 성도들 대부분은 믿음을 잘 지키고 있고 새로운 교인들도 생겼습니다.

형제님께서 관심을 가지실 소식 하나를 전해드립니다. 군산 쪽 언덕 아래 한옥에 살던 형제님의 이웃 유 서방을 기억하시나요? 그에게 말을 정상적으로 하지 못하는 딸이 있어 약을 사러 왔었지요. 형제님께서 그 당시 약을 처방하셨지만 저에게 별 효과가 없을 거라고 말씀하셨죠. 그 아이는 이제 여느 아이들처럼 말을 잘합니다. 얼마 전 아이의 어머니와 대화를 나누었는데 부인께서 말씀하셨습니다. "안 의원이 떠나실 때 약을 주고 한동안 계속 먹

---

4 낯선 조선에 온 외국 선교사들이 언어, 환경, 문화, 지리 등에 적응하며 선교지 답사와 선교를 순조롭게 하도록 선교사들 곁에서 돕던 분들이다. 이분들의 헌신, 인내, 충성이 조선의 선교사들로 하여금 놀라운 선교 역사를 이루게 한 한 부분이었다.

으라고 하셨어요. 약을 복용하면서 시간이 좀 지나자 딸아이가 여느 아이 못지않게 말을 거침없이 하더라고요. 모두 하나님과 안 의원의 은혜 덕분입니다. 조선에서 다른 일을 하지 않으셨더라도 그분의 방문은 헛되지 않았을 것입니다. 주님께서 딸의 목소리를 회복하기 위해 그분을 보내셨음이 분명합니다. 우리는 안 의원을 결코 잊지 못할 것입니다." 어린 소녀가 약 5~6세였을 때였습니다.

우리 사역에 대해 말씀드리고 싶은 것이 너무 많지만 이만 줄입니다. WM은 안부를 전하며 옛날에 기르시던 콧수염은 잘 자라는지 궁금해합니다. 아내와 저희 스테이션의 사람들은 형제님과 가족 모두에게 안부를 전합니다.

주님 안에서,
W. F. 불
부목사.[5]

---

5 불 선교사의 한국식 이름 부위렴(夫偉廉) 목사를 표기한 것이다.

1906년 4월 16일
군산, 조선, 아시아

존경하는 형제님

이 편지의 주소는 현재 집에서 멀리 떨어져 있기 때문에 정확하진 않습니다. 그래서 본부라고 적은 대로 그냥 보냅니다. 저는 지금 충청도에서 선교 훈련을 진행하고 있습니다. 집을 떠난 지 약 2주 되었고 여기에 2주 더 있을 예정입니다.

떠나기 전 형제님의 반가운 편지를 받았지만 그때는 너무 바빠서 답장을 보낼 시간이 없었습니다. 제 조사들이 수업을 가르치면서 생긴 한 시간의 여유를 이용하여, 옴의 치료에 대해 알아보고 또 글로 친절히 설명해주신 형제님께 감사의 인사를 하고자 합니다. 제 문제를 해결하기 위해 발 벗고 나서 주셨음에 정말 감사드립니다.

우여곡절이 많은 제가 타는 말은 작은 미국 말 정도의 크기로 기운이 세고 걸음걸이가 훌륭하지만 최근에 옴과 근육파열로 인해 고생이 이만저만이 아닙니다. 몸 한쪽의 근육이 파열되어 한성[6]에 있는 일본 수의사에게 데려가 치료를 받았습니다. 파열된 것이 아물고 옴도 말끔하게 나아 이젠 멀쩡합니다. 다니엘이 이 말을 타고 전주에서 궁말까지 4시간 45분 만에 도착할 정도입니

---

6 서울의 옛날 이름.

다. 그러나 다른 쪽이 파열될까 걱정입니다.

군산으로 통하는 다리가 실제로 세워져 있고 매일 수백 명의 사람들이 그 다리를 건넌다고 말씀드렸지요. 그렇기 때문에 "큰 길"의 경로가 바뀌어서 궁말 앞으로 지나갑니다. 그래서 행인들을 전도 대상으로 한 책방을 준비하고 있습니다.

제가 궁말을 떠날 즈음 다니엘 의사는 진료소를 마침내 마련하여 자리를 옮기고 있었습니다. 그동안 형제님의 집에서 머무르며 학교에서 의료봉사를 해야 했습니다. 환자들은 궂은 날씨에도 바깥에서 줄을 서야 했습니다. 제대로 된 시설에서 드디어 일할 수 있게 된 그는 웃음을 감추지 못했습니다. 지금까지 참 열악한 환경에서도 잘 견뎌낸 그에게 바라던 것이 이루어졌습니다. 개선된 공간에서 작업하는 그의 모습을 빨리 보고 싶습니다.

제가 떠날 때 풍차는 힘차게 돌며 물을 끌어올리고 있었습니다. 제가 있을 때, 병원을 짓기 위해 목재를 쌓아 둔 창고에 불이 붙었는데 부엌 근처의 물로 화재를 진압하였습니다. 학교 건물에도 불이 붙었지만, 풍차의 급수 덕분에 무사히 끌 수 있었습니다.

우리 스테이션 일원 모두 한 사람이 몇 사람 몫의 일을 맡아 하고 있는 형편입니다. 손이 모자라 사역을 따라갈 수 없을 정도입니다. 6개월 전만 해도 충청도에는 교회가 4군데 밖에 없었습니다. 이제 14군데나 되며 여러 새로운 곳에서 지도자를 보내 달라는 요청이 들어오고 있습니다. 오랫동안 반응이 거의 없던 고위층, 즉 신분이 높은 사람들도 떼를 지어 교회에 출석하고 있습니다. 전국 어디나 마찬가지인 듯한데, 교회에 대한 관심이 뜨겁게 일고 있습니다. 이들이 우리 구주 예수를 알아가려는 진실한 동기를 가지고 나아오도록 기도해 주십시오.

저는 방금 형제님께서 저에게 선물하신 소총으로 장거리 사격을 하여 마을 사람들이 많이 놀랐습니다. 쉬는 시간에 교회 형제들이 소총의 화력을 보여 달라고 해서 한 것입니다. 그들은 눈을 크게 뜨고 저를 주시하였고 한동안 재미나게 이야기할 모양입니다.

최근에 저는 호랑이 잡을 욕심에 사로잡혔습니다. 지난 가을 여행 중에 사냥을 하러 갔다가 꿩을 따라 높은 산을 오른 적이 있습니다. 산이 덤불로 빽빽하게 우거져 있어 개가 저와 떨어져 가다 호랑이에게 그만 습격을 받고 죽을 위기에 처했습니다. 제가 한 발 쏘긴 했는데 호랑이는 사라졌고 우리 다음 목적지까지 저의 개는 마을 주민의 지게에 실려 가야만 했습니다. 지난 달, 그 장소로 돌아가 며칠 동안 호랑이를 사냥했지만 흔적 밖에 찾지 못했습니다. 눈 위에 많은 자취를 남긴 호랑이를 끝내 보지 못했습니다. 그러나 포기하지 않고, 저의 소총이 활약할 것을 기대하고 있습니다.

이제 그만 줄입니다. 조선에 있을 동안에는 연필로 써야 하니, 읽으시기 불편해도 양해 부탁드립니다.

우리 모두의 사랑으로,
주님 안에서
W. F. 불.

1906년 7월 10일
조선, 군산

미합중국 켄터키주 스프링 스테이션
A. J. A. Alexander 박사 귀하

존경하는 친구이며 형제인 박사님께

저는 가족과 함께 광주에서 열린 연례총회에 참석하고 방금 돌아왔습니다. 그곳에 3주 동안 머무르면서 마가렛 그리고 벨과 즐거운 시간을 보냈습니다. 거기에 있을 때 박사님께서 보내신 반가운 편지를 받았습니다. 박사님께서 기대하는 것만큼 조선으로부터 편지를 많이 받지 못하셨다는 것을 듣고 죄송한 마음 금할 수 없습니다. 이 점에 대해 자책을 하는 것 이외의 다른 이유를 대지 못하겠습니다.

오 선생에 관한 좋은 소식을 듣게 되어 기쁩니다. 잘 지내고 계시다는 소식을 듣고 오 선생의 가족은 물론 저희 모두 좋았습니다. 오 선생은 충분한 재능이 있는 분이기 때문에, 영적으로 성장하고 하나님의 일에 더욱 관심을 갖게 되기를 전심으로 바랍니다. 그 분이 지금도 잘하고 계시지만 초심을 잃지 않고 더욱 더 강건해지기를 바랍니다.

군산으로 들어가는 다리에 대해서 물어보셔서 말씀드리겠습니다. 나무로 잘 놓았으며 넓고 난간을 잘 만들었습니다. 튼튼하게 만들었기 때문에 오래 갈 것이라고 생각합니다. 길이는 100 피트입니다. 일본인 목수들이 놓았는데 미국이나 다른 어떤 곳에 가져다 놓아도 전혀 손색이 없을 정도로 잘 만들었습니다. 다음에 기회가 되면 사진을 보내 드리겠습니다. 군산에 있는 일본 영사관 측이 다리 공사비의 절반을 부담하도록 했습니다. 조선 측의 감리가 조선 사람들과 길을 닦으면 일본 측과 저희가 다리를 놓기로 합의를 봤습니다. 감리도 동의하였었는데 이런 저런 이유를 대면서 도로 공사를 아직 시작도 안 했습니다. 다만 합의 사항은 아직 유효합니다. 총 다리 공사 비용은 830엔입니다. 말씀드린 것처럼 저희가 절반, 일본 측이 절반씩 부담했습니다.

다리 공사, 당나귀 대여, 풍차 공사에 비용을 지출하고 나니 저에게 주셨던 돈에서 300엔 정도 남았습니다. 이 돈은 병원을 짓고 나서 배관 공사를 할 때 쓰려고 합니다. 아시는 것처럼 병원을 아직은 짓지 않았고 약국만 있습니다. 약국은 크게 잘 지었습니다. 그래서 다니엘 의사 선생께서 매우 좋아하십니다. 병원에서 바로 일을 시작하실 수 있게 모든 계획을 세워 놓으셨습니다.

여기서 머무르실 때의 추억을 떠올리실 수 있을 만한 사진을 몇 장 보내 드립니다. 그 중에서 1번 사진을 보시면 특별히 좋은 추억을 회상하실 것입니다. 옛 친구분을 기억하실지 모르겠지만 나이가 드신 학교 선생이며 박사님의 조선어 교사이셨던 양 노인입니다. 이분을 기억하지 못하시더라도 '아 야 가 갸'를 배우시던 즐거웠던 시간을 틀림없이 기억하실 것입니다. 혹시 조선어를 잊어버리지는 않으셨는지요? 편지를 쓸 때 조선어 단어를 써서 보내야 하겠다는 생각을 자주 하지만 여기서 계셨던 시간이 워낙 짧아서 조선어는 물론 한글까지 모두 잊어버리신 것은 아닌지 궁금합니다.

2번 사진, 전킨 선교사의 집이라고 알아보실 겁니다. 해리슨 선교사가 현관에 있고 전킨 선교사의 하인인 봉윤이가 집 가까이 마당에 서 있습니다.

3번 사진은 박사님의 겸손한 종의 집이며 그의 가족 중 일부입니다. 제 아내는 아파서 사진을 같이 찍지 못했습니다. 큰(?) 소년은 박사님의 옛 친구 윌리엄입니다. 저의 왼쪽은 버지니아이고 작은 마가렛이 그 사이에 있는데 움직였기 때문에 하얀색[파란색]으로 보입니다. 두 명의 조선 여성은 저희 가정부입니다. 얼 [Earle]은 저희 정원의 이 모퉁이에서 사진을 촬영하였는데, 그 이유는 그때 장미꽃이 정말 아름답고 황홀하게 피었기 때문입니다. 사진 오른쪽에 줄기가 있는데 사진을 찍은 후에 줄기 밑에서부터 위 끝까지 전체가 장미로 아름답게 뒤덮였습니다. 정원을 재미있게 가꾸고 있고 꽤 아름답게 만들 수 있었습니다. 현관 입구 왼쪽에 나아진 것이 보일 겁니다. 우편함을 달았습니다. 일본인 집배원이 매일 와서 편지를 받아가고 배달합니다.

4번 사진은 남쪽에서 본 저희 언덕입니다. 저희가 전주로 갈 때 이 길로 갔습니다. 사진 뒤에 집들의 번호를 매겨 놓았습니다. 사진 앞쪽에 두드러져 보이면서, 여러 조선인들이 서 있는 집은 주막(여관)입니다. 다리가 놓였을 때부터 생긴 것인데, 그쪽으로 지나가는 많은 사람들을 대상으로 하여 만들어졌습니다.

5번 사진은 궁말이라는 것을 알아보실 텐데, 마을 앞 네모진 구역의 안에 교회당이 있습니다. 박사님께서 여기 계실 때 예배를 보셨던 그 교회당이고, 전혀 해보지 않았고 처음으로 하는 크리스마스트리 장식을 도우셨던 곳입니다.

6번 사진은 "언덕 주변 산책로"입니다. 한옥처럼 보이는 것은 병원 건설용 목재를 보관하는 곳입니다. 박사님 집 바로 뒤쪽의 평평한 자리에 있습니다. 뒤뜰에는 배로 내려가는 샛길도 보입니다.

7번 사진은 당나귀를 타고 있는 얼[Earle] 선교사입니다. 이 후에 얼 선교사는 말을 사기 위해 당나귀를 팔았습니다. 안타깝게도 제가 광주에 있을 때 저의 말이 죽었습니다. 그 말은 제가 조선에 온 이후로 저의 큰 위안과 행복이었습니다. 그 말은 여행하기에 좋은 말이었기 때문에, 이곳저곳을 많이 다니는 저에게는 큰 손실입니다. 그 말처럼 걸음이 좋은 말을 다시 찾기 힘들 겁니다. 탈장, 옴, 기타 병을 치료해서 좋은 말이 되었는데, 하지만 이런 일이 있는 것이 삶이겠지요.

이미 제법 길게 썼으니, 이만 줄이겠습니다.

제 아내와 아이들이 안부를 전합니다.

주 안에서 진심을 담아

W. F. Bull 올림.

추신. 저희 안식년이 1907년 5월 1일부터 시작하니 곧 만나게 되기를 바랍니다. 지금 개를 기르고 있는지 물어보셨지요. 전킨 선교사께서 기르던 베스[Bess]와 베스가 낳은 강아지 한 마리를 기르고 있는데, 그 강아지가 매우 귀엽습니다.

1907년 1월 4일
군산, 조선 남장로교 선교회

존경하는 친구이며 형제이신 박사님께

스테이션의 지난 분기 사역 보고서(케슬러[Kestler] 자매님이 썼습니다.) 한 부를 동봉합니다. 긴 사적인 편지였으면 좋았겠지만 그래도 흥미 깊게 읽어 주시기 바랍니다.

저희 모두 안부를 전합니다.

주 안에서 진심을 담아

W. F. Bull 올림.

다 읽으신 후에 오 선생께도 전달해 주십시오.

1907년 7월 9일
버지니아주 스톤턴시 프레데릭가 216

존경하는 박사님께

제가 미국으로 돌아온 지는 약 2주 정도 되었습니다. "상륙" 후에 편지를 쓰려고 했지만 할 일이 몹시 많아 시간을 내지 못했습니다. 제 처가에서 여름을 보내기 위해, 저희는 토요일에 이곳으로 왔습니다. 더운 여름 동안 이곳을 본부로 삼을 예정입니다.

애쉬빌에 가지 못해 죄송합니다만, 도착하고 나서 저와 제 처모두 매우 지친 상태였고, 저희 아기는 아팠습니다. 다행히도 아기는 많이 좋아졌습니다. 조선 선교를 위한 증원이 매우 잘 될 것같아서 저희는 아주 기뻐하고 있습니다.

아내와 아이들이 박사님과 박사님의 가족에게 안부를 전합니다.

주 안에서 진심을 담아
W. F. Bull 올림.

오 선생의 딸들이 직접 만들어 보내는 버선 한 켤레와 작은 가방을 보냅니다. 그리고 편지 한 장도 보내 드리는데 오 선생에게 번역을 부탁해야 할 겁니다. 저희 아이 중 한 명이 저희가 미처보지 못하는 사이에 그 편지를 개봉했군요.

1907년 8월 9일
버지니아주 스톤턴시 프레데릭가 216

켄터키주 스프링 스테이션
A. J. A. 알렉산더 박사 귀하

존경하는 친구이며 형제인 박사님께,

얼마 전에 박사님의 반갑고 소중한 편지를 받았습니다. 진작에 답장을 드려야 했습니다. 특히 박사님의 집으로 정중하게 초대를 해 주셨기 때문에 더더욱 그랬습니다. 박사님의 호의에 정말 감사를 드립니다. 저와 제 아내 모두 진심으로 감사하게 생각하고 있습니다만 초대에 응할 수 없어 안타깝습니다. 저희도 박사님 뵙기를 고대하고 있기 때문에 고심을 많이 했습니다. 사정이 허락한다면 초대를 흔쾌히 받았을 것입니다. 같이 뵙지는 못해도, 미국에 있는 동안에 저 혼자라도 박사님을 찾아뵈려고 합니다.

가을부터 몇몇 교회를 방문하려고 하는데 그때에 뵈러 갈 수 있도록 일정을 조정해 보겠습니다. 플로리다 주의 펜사콜라, 세인트루이스, 알칸소주의 파인 블르푸[Pine Bluff]에서 저희를 지원하는 일에 관심을 보이고 있습니다. 이 교회들을 방문할 때에는 제 아내도 동행할 것 같은데, 그때 같이 박사님을 뵈러 갈 수 있을 것 같습니다.

제 아내가 방금 들어와서, "알렉산더 박사님께 안부 전해주시고 저와 아이들을 초대해 주셔서 정말 감사하다고 전해주세요."
라고 말했습니다. 집에 손님을 초대한다는 것이 어렵고 힘든 일
이기 때문에 초대받은 시간에 방문하는 것이 예의이나 그렇게 하
지 못해 너무 죄송합니다. 하지만 박사님을 다시 뵈는 것은 저희
로서 큰 기쁨이기에 꼭 뵈러 가겠습니다. 박사님이 편하신 시간
에 뵈러 갈 수 있도록 다시 일정을 조정하겠습니다. 계속 연락드
리겠습니다.

원래 여름동안 좀 쉬고 설교나 간증은 가을부터 시작하려고 했
는데 들어오는 부탁을 거절하는 것이 어려운 일이라는 것을 깨닫
게 되었습니다. 그래서 여기에 온 이후로 한 번을 제외하고 매주
일요일에 설교를 하고 있습니다. 어떤 일요일에는 두 번 할 때도
있고 수요일에도 할 때도 있습니다. 이번 일요일에는 두 번 예정
되어 있습니다.

어제 3일 간의 말 쇼가 끝났습니다. 제 자신이 그것을 즐기는
것을 보고 경각심을 가졌습니다. 저는 말을 잘 타는 편이라 제 취
향에 딱 맞았습니다. 말 전시도 경마도(위원회에는 말하지 마십시오.)
훌륭했지만 돈을 따지는 못했습니다.

최근 조선 정계에 희한한 일들이 많이 생기는 것 같습니다. 그
렇지 않습니까? 저는 언론에서 떠드는 조선이 일본과 자발적으로
조약을 체결했고 황제가 배신했다는 등의 헛소리에 매우 분개하
고 있습니다. 이 와중에 우연으로 되는 일은 아무것도 없고 하나
님께서 모든 것을 다스리신다는 것이 유일한 위안입니다.

아내가 방금 들어와서 저희가 박사님의 초대에 응할 수 없는

이유가 저희 아기의 건강이 좋지 않기 때문에 좀 더 나아지기 전에는 어디에 데리고 다니기 곤란하다는 것을 설명을 드려 달라고 했습니다. 아기는 이에 문제가 있고 다른 작은 병들도 있지만 지금은 조금씩 좋아지는 것 같습니다. 만약에 상황이 좋아진다면 이달 말이나 9월에 뵈러 가도 되겠습니까?

이만 줄여야 할 것 같습니다. 박사님과 박사님의 가족에게 좋은 일이 깃들기 원합니다.

진심을 담아,
W. F. Bull 올림.

1907년 11월 20일
버지니아주 노퍽시 프리메이슨가 285

존경하는 친구이며 형제님께,

박사님으로부터 아주 오랫동안 소식을 듣지 못해서, 혹시 군산에서 만났던 그 사람을 잊어버리신 것은 아닌지 걱정됩니다. 여름에 제가 스톤턴에 있을 때 편지를 드렸었는데 아직 회신을 받지 못했습니다. 그래서 혹시 제 편지가 가면서 분실된 것은 아닌지, 아니면 박사님께서 회신을 하셨는데 오면서 분실된 것은 아닌지 생각해 봅니다. 어쨌든 형식을 차리기 보다는 저희가 박사님을 잊지 않았고 "예나 지금이나 계속해서 기억하고 사랑하고 있다"는 것을 알려 드리기 위해 몇 줄 적어보려고 합니다. 사실 11월 7일에 쓰기 시작한 편지가 있는데 마미[Mamie]의 결혼식을 준비하면서 너무나도 분주해 미처 마치지 못했습니다. 그래서 오늘 새로 쓰고 있습니다.

저희는 약 5주 전에 스톤턴에서 이곳으로 왔고 여기서 겨울을 보내려고 합니다. 물론 저는 저의 친지들과 같이 있게 되어 매우 기쁩니다. 회의 내용에 대해서 방금 전해듣기 시작했습니다. 서면으로 된 보고서나 회의록은 아직 받지 못했습니다. 조선에서의 사역에 대한 전망이 매우 밝습니다. 얼마나 밝은지 선교회가 목포에서의 사역 재개를 위한 절차를 밟는 데에 합당한 이유가 있다고 판단했습니다.

어제 밤에 저희 교회의 사업하시는 분들과 흥미로운 회의를 했습니다. 브라운(F. H. Brown) 씨도 참석하셨습니다. 참, 그런데 일전에 "Linnie Davis Harrison 기념 병원"이라는 이름을 제안하셨는데, 그냥 그렇게 하면 좋겠다는 의미로 하신 것인지 아니면 꼭 그렇게 해야 한다는 뜻으로 하신 것인지가 궁금합니다. 박사님의 뜻을 이해해야 할 이유가 있기 때문에 가능하신 대로 빨리 알려주시면 좋겠습니다.

저희 아기는 지금 5개월째 아픕니다. 의사들도 문제가 무엇인지 잘 모르는 것 같습니다. 제 아내는 계속 아기를 돌보고 걱정하면서 기진맥진해 있습니다.

박사님과 박사님 가족은 어떻게 지내고 계십니까? 이제 의사 일은 안 하고 계십니까? 하고 계신 사업과 소유지 관리를 하시느라 너무 바쁘셔서 본업에는 신경을 못 쓰고 계실 것 같습니다.

저나 제 아내는 박사님께서 괜찮으시다면 박사님의 사진을 한 장 좋은 것으로 보내 주실 것을 바라고 있습니다. 박사님께서 궁말에 계셨을 때 쌓았던 친분을 소중히 생각하고 있기에 잊지 않도록 사진이 있었으면 좋겠습니다. 혹시 이 근처에 오실 일이 있으면 꼭 방문해 주십시오. 윌리엄은 많이 커서 이제 큰 소년이 되었습니다. 아마 못 알아보실 겁니다. 저희 아기를 제외한 다른 아이들은 모두 건강합니다.

제 어머님과 아내가 박사님께 안부를 전합니다.

주 안에서 진심을 담아

W. F. Bull 올림.

추신. 마미는 지금 사랑하는 사람과 여행 중입니다.

1907년 12월 11일
버지니아주 노퍽시 프리메이슨가 285

친애하는 알렉산더 박사님께

7일에 보내신 편지를 며칠 전에 받았습니다. 대단히 감사합니다. 오랜만에 박사님의 편지를 받고 아주 기뻤습니다.

병원의 이름을 짓는 문제에 대해서 제가 여쭤어 보았던 이유는 제가 그곳을 떠난 이후에 이름이 확정되었기 때문입니다. 그 이름을 보았을 때 저는 매우 놀랐고 혹시 박사님과 상의 없이 결정된 일이 아닌지 걱정되었습니다. 하지만 박사님과 상의해서 이루어진 일이고 박사님도 만족하신다고 하니 저도 만족합니다. 좋은 이름 같습니다.

군산 스테이션을 나눠야만 하는 이유를 물어보셨습니다. 그것은 사실 저희 집들을 궁말에 둔 것이 중대한 실수였기에, 그것을 가능한대로 고치기 위한 것입니다. 아시는 것처럼 궁말에는 작은 마을 하나 밖에 없지만, 항구 안팎에는 꽤 많은 수의 사람들이 살고 있습니다. 그곳에 저희 집을 몇 채 두면 군산 사역지에서 조선인 인구가 가장 많은 지역 중 하나인 항구에 선교회를 둘 수 있게 되고, 기혼 자매들이 심방을 하는 등 지역 여성들과 일할 기회를 줄 수 있게 됩니다.

저희가 지금 항구에 큰 교회를 짓고 있는데 그곳에서 사역하실 목사님의 입장에서 보면 많은 사람들 속에서 같이 있는 편이 더

수월할 것 같습니다. 사실 저희 스테이션 전체가 그곳에 있어야 합니다. 박사님께서 언급하신 선교단지를 나누는 것에 대한 반대 의견이 매우 거세서 항구에 새 집들을 짓는 일이 중도에서 멈추어야 할 지경이지만, 목사님 한 분과 학교 선생님 한 분만 더 오시면 양쪽에 꽤 괜찮은 공동체를 이룰 수 있을 것 같습니다. 그리고 이제는 다리도 있고 박사님께서 놓으신 길도 있어서 떨어져 있는 거리감이 이전처럼 크지 않을 것 같습니다. 물론 집들 간에 전화선을 놓을 것으로 생각합니다.

박사님께서 유력한 사람들이 "클락(Clark), 스티븐스(Stevens), 여러 맥커첸(McCutchen)들, 북클랜드(Buckland), 마틴(Martin)과 왓킨스(Watkins)"라고 말씀하셨습니다. 밑줄 친 부분이 혹시 두 명의 맥커첸 형제가 있다는 것인지 아니면 단순히 오타인지 확인하고 싶습니다. 이 사람들 중에 몇 명이 조선으로 올 수 있을까요? 학교 선생으로는 몇 명이, 누가 옵니까? 독신 자매들 중에 어떤 자매가 숙련된 간호사입니까? 번거로우시겠지만 시간을 내셔서 답변을 주시면 감사하겠습니다.

노퍽에 있는 저희 교회의 루이지 쉘돈(Louise Sheldon) 자매님도 자원해서 조선으로 가기로 했습니다. 그분의 아버님이 옷과 여행경비 및 급여를 부담하시기로 하셨습니다. 저희가 돌아갈 때 그 자매도 같이 가려고 합니다.

새로운 스테이션을 만드는 것이 적합한지에 대해서 말씀드리겠습니다. 제가 갖고 있는 유일한 우려는 교회가 위원회에서 새로운 스테이션을 지원하게 하면서 조선 바깥의 관할 사역지의 필요도 채울 수 있을 것인가 하는 것입니다. 스테이션을 한 곳 더 만드는 것은 두말할 것 없이 좋은 일이며, 목포와 마산포 사이 전주에도 부지가 있습니다. 교회는 저희에게 이 새로운 스테이션을 줄 역량이 충분히 되며, 그렇게 해야 합니다. 뿐만 아니라 교회는 다른 스테이션에서 요구하는 것들도 충분히 줄 수 있는 능력을 갖고 있습니다. 저희 스테이션이 너무 많은 요구를 해서 중국이나 기타 저희보다 더 큰 사역지의 필요 충족을 제한해서는 안 된다는 여론이 있습니다. 하지만 제 입장은 반드시 우리가 필요한 것이 있으면 무엇이든 요청해야 하고, 다른 스테이션들도 필요한 것이 있으면 교회에 알리도록 해야 한다는 것입니다. 그러면 교회는 열심히 지원금을 모아야 합니다.

확신하건대, 평신도 운동을 통한 대부흥에 비추어 볼 때 우리와 다른 분들 모두가 요청하는 것을 전부 수용할 수 있다고 생각합니다. 현재 조선에 황금 같은 기회가 있다는 사실에 비추어 보면 지금 준비되었을 때 이 나라를 예수 그리스도께 이끌기 위해 할 수 있는 모든 것을 해야 한다고 굳게 믿습니다.

의사 업무를 하실 시간이 없다는 것을 듣고 저는 그리 놀라지 않았습니다. 박사님은 이미 너무 많은 일을 감당하고 계십니다. 두 세 사람 몫을 하고 계십니다.

보내 주시겠다고 하신 사진을 고대하고 있습니다. 잊지 말고 보내 주십시오.

박사님의 시간을 더 뺏지 않고 이미 길어진 이 편지를 마치겠습니다.

저희 모두가 박사님과 박사님 가족에게 안부를 전합니다.

진심을 담아,
W. H. 불 올림.

추신. 저희를 다시 한 번 초대해 주신 호의에 정말 감사드립니다. 갈 수 있게만 된다면 저희로서 아주 큰 기쁨이 될 것이라는 것을 말씀드립니다.

1908년 4월 23일
버지니아주 [스톤턴]시 프레데릭가 216

존경하는 친구인 형제님께

집에 잘 도착했다고 연락을 드립니다. 와서 보니 아이들은 건강한데, 다만 아내가 감기에 걸려서 고생하고 있습니다.

박사님을 방문한 것은 저에게 큰 기쁨이었습니다. 다만 제가 집으로 돌아가기 위해 안절부절못하고 더 오래 있지 못해 죄송합니다. 하지만 아내가 너무 아팠기 때문에 (아직도 아픕니다.) 집에 오기를 잘 한 것 같습니다.

박사님께 감사드리며, 또한 박사님의 온 가족분들께 제가 함께 머무른 동안 베풀어 주신 호의에 대해 감사드립니다.

박사님의 부인과 점점 자라고 있는 아드님의 소식을 듣고 나서 아내도 매우 기뻐했습니다. 박사님에 대하여 굉장히 관심이 있기 때문에 아내도 찾아뵈었으면 얼마나 좋았을까 생각해 봅니다.

종에 대해서 들으시는 대로 연락해 주십시오. 향후 상황에 관하여 아트킨손(Atkinson)에게 편지로 알려주었습니다.

진심을 담아,
박사님의 친구,
"빌리" 불.

1908년 6월 2일
버지니아주 스톤턴시 프레데릭가 216 E

존경하는 친구인 형제님께

박사님께서 지난 달 28일에 보내신 편지를 받았습니다. 이렇게 갑작스럽게 답장하는 것으로 감사를 표합니다. 오늘 아침에 써야 할 편지가 여러 통 있었지만 박사님께 드릴 편지를 가장 먼저 쓰고 있습니다.

복음과 축복의 주인을 믿는 것은 얼마나 축복인지 모릅니다. 신학교 시절 한 교수님께서 우리의 믿음과 성경에 대해 말하는 것을 들었습니다. 그 교수님께서는 인간의 영혼과 본성을 분석하여 각각의 세밀한 부분까지 놓고 보았을 때, 그 모든 부분에 필요한 것을 성경에서 찾아서 충족할 수 있다고 하셨습니다. 우리가 기쁠 때 이 말씀이 사실로 다가옵니다만, 슬플 때는 놀랄 만큼 더더욱 그렇습니다. 우리가 희망 없는 사람처럼 슬퍼하도록 하지 않고, 슬플 때에도 기쁨을 주는 이 믿음은 참 감사하고 훌륭한 것입니다.

박사님의 형제인 스콧(Scott)이 고통 속에 있는 것을 보고 매우 안타깝게 느꼈습니다. 그저 잠깐 들른 방문객으로 잠시 봤을 뿐이지만, 특별히 마음이 갔습니다. 깊은 사랑을 느꼈고, 그분에 대해서 좀 더 알았으면 좋겠다는 생각이 들었고, 친해지기 위해 무엇인가 하고 싶었습니다. 그러나 은혜로우신 주님은 그분께 우리가 할 수 있는 것보다 훨씬 더 많은 것을 해 주셨습니다. 주님께서는 스콧을 자신이 있는 곳으로 데리고 가셔서 사랑으로 자신의 장소에 두셨습니다. 이기적인 관점일 수도 있지만, 바울의 관점으로 봤을 때, 스콧은 우리보다 더 좋은 곳에 있습니다. 이것을 생각할 때 저도 제 자신도 "양쪽 해협 사이에 빠져 있는"것 같습니다. 이 세상에서 주님을 위해 일할 열망과 주님 품으로 가고 싶은 열망 말입니다.

교회 종에 대해서 저는 물론 기쁩니다. 데이(Dey) 씨께 즉시 감사의 편지를 쓰도록 하겠습니다. 그리고 개인적으로 이 문제에 대해 관심을 가져 주시고 힘써 주신 것에 대해 감사드립니다. 박사님은 실로 제가 의지할 만한 후원자이십니다. 제안하신 대로 아트킨손 씨에게 연락하겠습니다.

지난주에 저는 가족과 함께 조선에서 방금 돌아오신 전킨 부인을 뵈러 크리스천버그(Christiansburg)에 다녀왔습니다. 전킨 부인은 작지만 용감하고, 진실하신 여성입니다. 긴 여행에 많이 지쳐 계셨지만 슬픈 일 속에서도 아름답게 웃음을 띠고 계셨습니다.

저희는 7월 23일에 샌프란시스코에서 떠나는 코리아 호에 탑승하게 되었습니다. 그때 떠나기로 확실하게 계획하고 있습니다. 그곳에서 벌어지고 있는 성대한 추수에 복귀할 수 있기를 간절히 바라고 있습니다. 저희가 갈 때 같이 모시고 갈 수 있었으면 좋겠다는 생각을 해봅니다.

저와 식구들이 박사님과 박사님 가족에게 안부를 전합니다.

진심을 담아,

빌리 불.

박사님을 뵈러 렉싱턴에 가지 못할 것 같습니다. 남은 시간은 많지 않은데 가기 전에 준비하면서 해야 할 일은 많아서 더 이상 어느 곳도 방문하러 가지 못할 것 같습니다.

사역지에서 들려오는 최근 소식을 들어보면 "다시 생각하고 있다"고 하면서, 새로운 집들을 항구보다는 궁말에 짓는 것을 검토하고 있다고 합니다. 이렇게 되면 전화기는 필요성이 떨어집니다만, 항구로 가는 시간을 절약하고 스테이션에서 일하는 저희들 간에는 유용할 것이라고 생각됩니다.

한편 아트킨손에게 새로운 배를 사는데 도와줄 것을 부탁하려고 합니다. 제가 미국에 온 후에, 저희 사역용 배를 도둑맞았습니다. 제가 알기로는 스테이션에서 새로운 배를 구하기 위해 아무런 조치를 취하지 않았고, 예산도 없습니다. 박사님께서 전에 소형 증기선을 쓰면 어떠냐고 제안하셨습니다. 스테이션에서는 강풍과 세찬 해류 때문에 소형 증기선이 일반적인 일본식 거룻배보다 안전성이 떨어진다고 보고 있습니다. 그래서 저는 작은 엔진을 구해서 일본식 거룻배에 달고 돛도 설치하는 것을 구상 중입니다. 그러면 배터리가 고장이 나거나 엔진에 다른 이상이 생겨도 항해할 수 있을 것으로 보입니다. 아트킨손에게 이것에 관해서 도와 달라는 부탁을 하려고 합니다.

1908년 12월 29일
아시아, 조선 군산

미합중국 켄터키주 스프링 스테이션
A. J. A. 알렉산더 박사님 귀하

존경하는 친구인 형제님께

제가 박사님께 연락을 드리지 못한 것은 제가 박사님을 잊었기 때문도 아니고 박사님께 편지 쓸 생각을 안 한 것도 아닙니다. 안식년에서 돌아온 후 저의 시간과 관심을 필요로 하는 수많은 일들에 파묻혀 지냈습니다만, 그래도 편지 쓸 시간을 내지 못해서 부끄럽습니다. 특히 훌륭한 교회 종에 대해 진작 편지를 드리지 못해 너무 부끄럽습니다. 이미 몇 주째 저희 언덕에서 주변 평야에 종소리가 울려 퍼지고 있습니다. 그 종은 아주 훌륭합니다. 울림이 너무 좋고, 조선 사람들이 아주 좋아합니다. 저희 교회에서 데이 씨께 보내는 감사 편지를 번역문과 함께 보내 드립니다. 제가 바로 보내 드리면 좋겠지만 주소를 몰라서 박사님께 전달을 부탁드립니다.

날짜를 보시면 크리스마스가 지난 것을 아실 겁니다. 늘 그런 것처럼 좋은 시간을 보냈습니다. 교회에 가서 크리스마스트리를 장식할 때마다 늘 박사님을 떠올렸습니다. 박사님께서 저희의 첫 크리스마스트리를 장식할 때 도우셨기 때문에 이제는 그것을 할 때마다, 박사님과 맥(Mack)과 그 소녀들(마가렛과 마미)을 떠올립니다.

월리엄(Williams) 선교사(선교사 편집자)가 지금 저희와 함께 있는데, 추익기(Chur Aik Kai)와 유채(Yo Chai)라는 다니엘 박사님의 의과 학생 두 명에 대해 관심을 갖고 있습니다. 박사님은 이 사람들을 학교에 다니던 소년들로 기억하실 겁니다. 이 학생들은 미국에서 의학 공부하기를 몹시 열망하고 있어서 월리엄 선교사와 여러 차례 의논을 했습니다. 월리엄 선교사는 이 학생들에 큰 관심을 가지고 있고, 미국 유학을 보내고 싶어 합니다.

어제 밤에 스테이션 회의를 해서 만장일치로 이 두 명에 대해 후원과 추천을 하기로 결정했습니다. 박사님과 일요일 오후에 만나 오 박사님에 대해서 이야기할 때, 박사님께서 저희 쪽에 추천할 만한 후원자 한 명 더 있는지 물어보셨었습니다. 그래서 저는 그럴 만한 사람이 있으면 박사님께서 학비와 숙소 등을 후원하실 의향이 있을 것으로 이해했습니다. 저희는 이 두 명 중 어느 쪽이든 박사님께 추천할 수 있습니다. 만약 박사님의 재정 상황이 괜찮다면 이 두 학생 모두를 추천하고 싶습니다. 이 둘은 워낙 유망한 청년들이기 때문에, 저희도 돕기 위해 할 수 있는 모든 것을 하려고 합니다.

월리엄 선교사의 말에 의하면, 한 명에 대해 책임을 질 수 있을 것 같다고 합니다. 우선은 하우스보이로 데리고 가서 일정 기간 야학에 보내 영어를 배우게 하고, 이후에는 사무직으로 고용해서 공부하지 않을 때는 경비 보충에 보탬이 되도록 할 생각이라고 합니다.

박사님께서 저에게 하셨던 말을 염두에 두면서, 스테이션에서 저에게 박사님께 상황 설명을 드리고 혹시 이 중 한 명에 대해서 재정적 후원을 해 주실 수 있는지 여쭈어 보라고 했습니다. 이 두 명 다 전도유망한 청년들입니다. 유채는 대단히 명석합니다. 뛰어남으로는 오 박사님과 충분히 맞먹습니다. 저희는 갈 수만 있다면 최대한 빨리 가게 하는 것이 좋다고 생각하고 있습니다. 윌리엄(Williams) 선교사는 이 일에 대해서 집에 돌아가신 후에 바로 알아보시겠다고 하셨습니다. 만약 가능하다면 즉시 오도록 연락하겠다고 하셨습니다. 박사님께서 이 일을 맡으실 수 있는지 꼭 알려주십시오.

일의 양은 전혀 줄어들지 않고 있습니다. 저희 모두는 일에 몰두하고 있습니다. 모두가 다 손발만 바쁜 것이 아니라 머리와 마음도 바쁠 정도로 많이 감당하고 있습니다.

제 아내와 아이들이 안부를 전합니다. 오 박사님은 다른 의사가 올 때까지 목포 선교회에서 있을 겁니다. 지금은 성탄절을 보내기 위해 여기에 가족과 함께 있습니다.

이만 줄여야 할 것 같습니다. 박사님의 가족에게 안부를 전합니다.

당신의 친구이며 형제인
W. F. 불 올림.

1910년 5월 14일
조선, 평양

존경하는 알렉산더 박사님께

방금 제 아내에게 들은 바로, 새로 지은 약국의 사진을 우편으로 보내 드렸다고 들었습니다. 약국은 항구에 지었습니다. 오 박사님의 열정의 산물입니다. 저희는 이전부터 항상 군산에 약국을 내기 원했습니다만 의사의 업무가 가중될 것을 우려해서 거론하지 않았었습니다. 하지만 오 박사님께서 그 필요성을 강하게 느껴서 자신의 업무가 [두 배나] 늘어날 것을 알면서도 스테이션이 그곳에 건물을 세우도록 주장했습니다. 그래서 저희는 그렇게 했습니다.

그 후로 오 박사님께서는 궁말에서 오전에 진료를 보고, 항구에서 매일 오후에 진료를 보고 있습니다. 군산 진료소가 생긴 이후에도 궁말 진료소는 전혀 감소하지 않았습니다. 도리어 군산 진료소를 찾는 사람들이 궁말 진료소를 찾는 사람 수와 거의 같아졌습니다.

그리고 약국 이름을 박사님의 어머님을 기념하여 짓자는 것도 오 박사님의 의견이었습니다. 물론 저희 모두 흔쾌히 동의했고 그 이름으로 정해졌습니다.

박사님의 어머님의 부고 소식을 듣고도 아무 연락을 하지 않아 너무 죄송하고 송구스럽습니다. 꼭 편지를 드리려고 했는데 일의 스트레스 때문에 매일 미루다 보니 그렇게 되었습니다.

저희는 지금 일에 몰려 정신이 없습니다. 원래는 스테이션에 얼, 해리슨, 그리고 저를 포함하여 3명(남성 전도자)이 있었습니다. 세 명이었을 때도 매우 분주했는데 해리슨이 목포로 옮겨간 이후부터 얼과 저는 정신을 못 차릴 정도로 바쁘게 되었습니다. 저는 지금 잠시 여기 신학교에서 가르치고 있습니다. 많은 유망한 청년이 있습니다. 한 134명 정도 됩니다.

박사님의 이모님께서 기증하신 10,000불을 각 스테이션이 어떻게 활용할 것인지에 대해서 스테이션 비서들이 이모님께 편지를 드렸을 것으로 생각합니다. 전킨 선교사와 궁말에 지은 저희 학교의 작은 건물은 이미 오래 전부터 저희 수요를 충족할 수 없었습니다. 그래서 저희는 저희 몫을 최신식 학교 건물을 짓는 데 사용하려고 합니다. 좋은 부지도 마련해 놓았고, 여기에 온 이후에 저는 제 아들의 학교에서 가르칠 [조선인] 대학 졸업생도 구했습니다. 그래서 저희 아들들과 청년들을 위해 지금까지 해왔던 것보다 더 많은 것을 하려고 합니다. 양반은 학교를 위한 최적의 사람이며 곧 학교에서 유능하게 일할 수 있을 것입니다.

박사님의 아들은 이제 제법 큰 사내가 되었겠습니다. 저는 자주 박사님의 집으로의 유쾌한 방문을 떠올립니다.

부인께 안부 전해주십시오.

진심을 담아,
W. F. 불 올림.

윌리엄 불 개인 보고서

1903년
W. F. 불의 개인적 사역 보고

제가 이해하기로, 개인적 사역 보고의 목적은 지난 기간 동안 보고자에 의하여 이루어진 사역을 소개하고 설명하는 것입니다. 저에게 있어서 지난 일 년은 받은 복이 준 복보다 더 많은 해였습니다.

지난 연례총회에서 서기, 재무 및 지역 사역만의 책임을 맡게 되었을 때, 그런 결정을 내린 선교회의 지혜에 의문을 제기하는 것은 아니지만, 저의 사역 반경이 제한되는 것이 다소 아쉬웠습니다. 그 이유는 시골에서도 사역을 하기 원했기 때문입니다. 집에 돌아오자 편지를 받았는데, 제가 집에 머무르도록 하는 내용이어서 기뻤습니다. 언급된 편지에는 제 어머님과 자매들이 저희를 방문하러 집을 나섰다는 기쁜 소식이 적혀 있었습니다. 그들이 방문했을 때 저는 집에서 거의 계속해서 같이 있을 수 있어 기뻤습니다.

마침 그때 작은 방문객인 저의 아기가 태어나 매우 기뻤습니다. 사랑하는 이를 잃는 등 극심한 시련과 맞닥뜨린 친구들과 같이 슬퍼했을 때를 제외하고는 저희는 지난 한 해를 기쁨으로 충만하게 보냈습니다.

제가 한 실제 선교 사업에 관해서는 별로 보고하고 싶지 않습니다. 제가 일한 영역은 좁았고 매주 똑같은 일을 했기 때문입니다. 저는 매주 지역 교회에서 정규 예배의 정해진 순서를 맡아서 해왔습니다.

저는 매주 일요일 10시에 남자 성도들을 위한 성경공부를 하고, 11시에는 교회에서 예배를 인도했는데 부족하게나마 설교를 했습니다. 일요일 밤에는 여자 성도들을 위한 수업을 했고, 수요일에는 수요 예배를 인도하였습니다. 학기의 대부분의 기간 동안 남학생들에게 노래를 가르쳤습니다. 하지만 수개월 동안 가르친 후에 조선인에게 미국 곡조를 노래하도록 가르치는 것은 가망이 없는 것이라는 결론을 내리고는 그 일을 포기하였습니다. 수업이 지속되었던 기간에 저는 찬송가들의 의미를 가르치고 되도록이면 실용적인 이야기를 들려주도록 노력했습니다.

남학생들은 미국의 음악보다는 미국의 운동을 훨씬 더 잘 배웁니다. 아마도 가르치는 선생이 음악보다는 운동을 더 잘하기 때문이겠지요.

스트래퍼 선교사가 오셔서 저희 체육관에서 거처하시기 전까지 저희들은 오후마다 매우 즐겁게 운동을 했습니다. 체육을 할 때에 공정한 경기를 하고, 싸우지 않고, 진실 되게 말하는 것을 가르치려고 노력했습니다. 하지만 가끔씩 싸움이 나기도 했습니다. 어쩔 수 없지만 그래도 그 남학생들 사이에 승부 정신이 다소 있는 것을 보면서 기뻤습니다.

지역 교회의 매우 미미한 영적 및 수적 성장을 보고하게 되어 죄송합니다. 불과 몇 명 정도만 늘었고, 훈육 횟수도 줄었으나, 세례 신청은 더 많았습니다. 11명 중에 2명이 받았습니다.

사역의 뚜렷한 진전은 없지만, 이제야 희망적인 상황을 맞고 있으며 하나님 아버지의 축복으로 사역이 진척되고 있습니다. 정기적으로 참석하는 인원이 있는데 진지해 보입니다. 궁말 교회에 참석하는 평균 인원은 40명에서 50명입니다.

3월에 저희와 함께 조선인과 외국인 형제들이 공부모임에 참석해 즐겁게 공부를 하였습니다. 참석한 분들도 큰 축복을 받았기 바랍니다. 이번에 저는 지리 수업을 즐겁게 잘 할 수 있었습니다.

지난 연례총회에서 저에게 주어진 최우선적인 과제는 언어 공부였습니다. 오 선생이 미국으로 떠나기까지는 언어공부를 잘 하였습니다. 그가 떠난 후부터는 수업과 설교 준비 때문에 선생님을 통해 언어를 배우는 시간을 별로 가질 수 없었습니다. 그래도 매일 조선어를 공부했는데, 비록 책으로 배우지는 않았지만 조선인들을 직접 대하며 언어를 사용해 왔기 때문에 그래도 지난 연례총회 때보다 진보가 있었다고 생각합니다.

최대한 조선인을 배려하고 예의를 갖추려고 노력을 하고 있습니다. 몇 권이지만 복음책들을 팔았고, 전도지를 많이 나누어 주었고, 개인적으로 많은 사람들과 이야기를 나누었습니다.

올해 이른 봄에 저는 전킨 선교사님을 따라 만자산[7], 남참문[8],

---

7 전라북도 군산시 대야면 지경리에 있는 산인데, 이곳에 사는 최흥서가 1896년 4월 10일 전킨 선교사로부터 세례를 받았다. 최흥서 등 7명은 만자산에서 군산 선교부

송지동, 그리고 숭말로 매우 즐겁게 여행을 다녀왔습니다. 그 여행에서 세례를 받기 원하는 분들을 심사하는 일을 도왔고, 교회의 성도가 꽤 많이 늘어나는 것을 보았습니다.

더 큰 부지가 당장 필요하지는 않지만, 부지를 넓힐 좋은 기회가 있었기 때문에 교회 뒤쪽과 옆쪽에 있는 땅을 샀습니다. 저희는 머지않아서 작은 건물을 헐고 크게 지어야 할 때가 올 것이라는 믿음으로 그 땅들을 구입하였습니다.

맥커첸 선교사와 조선인 전도자들과 함께 강을 건너 사역이 시작된 충청도 서천 지역으로 여행을 다녀왔습니다. 저희는 뜻밖의 집회에 참석하였는데, 약 40여 명이 예배에 참석하고 있었습니다. 그렇게 된 것은 만자산교회의 한 분이 그곳으로 이사해 가서 노력한 결과였습니다. 그곳으로 갔을 때, 거기에는 한 명의 그리스도인도 없었습니다. 그곳의 분들 중 세례 심사를 받은 분 모두가 상당히 높은 점수를 받은 것으로 볼 때, 그는 매우 성실히 가르

까지 함께 삼십리 길을 걸어서 오가며 예배를 드리고 신앙을 키우다가, 1900년 10월 9일 중만자에 초가 세 칸의 예배당을 건립하고 20여 명이 모여 예배를 드리며 만자산교회(지금의 지경교회)를 시작하였다.

8 지금의 전라북도 익산시 오산면 남전리 일대의 옛 지명인데, 1914년 행정구역 개편 당시 남참리(南參里)에서 '남' 자와 야전리(野田里)의 '전' 자를 따서 '남전리(南田里)'가 되었다. 남참리는 '남참문'이라고도 불리던 곳으로, 이 일대의 지대가 낮아서 큰 비가 내리거나 조수가 밀어닥치면 호수처럼 물이 차서 '물이 찼다'는 의미로 '참문이'라고 하였는데, 참문이 남쪽은 남참리, 참문이 북쪽은 북참리가 되었다. 『디지털익산문화대전』

전킨이 1897년에 세운 남참문교회(남차문교회, 지금의 남전교회)는 1958년에 기장과 예장으로 분리되었는데, 기장 남전교회는 2000년에 '총회 유적 제1호 교회'로 지정되었다.

첬다고 보입니다. 이 형제는 본인도 열심히 배우는 사람이며, 성실하게 가르치고 있었습니다. 그가 그곳으로 이사를 막 갔을 때, 그는 저를 찾아와서 강을 건너 내륙으로 20리 정도 떨어진 곳으로 갔으며 지금 교회로부터 얻는 많은 유익들로부터 멀어질 것이라고 하였습니다. 그가 궁말의 예배에 정기적으로 참석하기는 어려워 보였습니다. 참 어려운 시간이 되겠지만 그래도 크리스천 뉴스와 월보(구약을 배우는 월간 학습지)가 꼭 필요하다고 하면서 저에게 주문을 부탁하였습니다.

서천에서 20리 떨어진 한산에서 모이는 모임이 하나 있었는데, 15명에서 30명이 모입니다. 가끔씩 이 두 곳의 성도들이 여자 성도들을 포함한 전원이 궁말의 예배에 참석하러 오기도 합니다. 그럴 때는 저희 회중의 수가 상당히 늘어나서 교회당이 가득 찹니다.

서천의 형제는 우리들 중에서 한 명이 그곳으로 오도록 몇 번이고 요청을 하였습니다. 그들은 교회당 건물을 샀고 돈을 지불하였으며 건물 문서까지 받았지만 동네 사람들은 그 건물을 사용하지 못하게 하고 있었습니다. 그 사람들은 자신들의 마을이 불교 동네이기 때문에 다른 종교가 들어오는 것을 원하지 않고, 그리스도인들이 외국인을 위하여 그 건물을 사는 것이기 때문에 불법이라고 했습니다. 전킨 선교사는 그때 병이 나서 가실 수 없었기 때문에 서로 상의한 후에 제가 가게 되었습니다.

주일 예배 후에 그 새로운 교회를 보러 갔습니다. 언덕 옆의 높은 지대에 있는 크고 아름다운 마을에 그 건물이 위치하고 있었습니다. 그곳보다 더 높은 곳에 조선의 기준으로 크고 웅장한 불교 사찰

이 있습니다. 그 자리 안에는 타일이 붙여진 몇 개의 큰 건물들과 그 건물들을 둘러싼 담이 있었고 입구에는 조선 국기의 그림과 같은 것이 그려진 대문이 있었습니다. 그 사찰은 더 이상 사용하지 않는 버려진 곳이었습니다. 그리스도인의 예배를 반대하는 분들을 찾으러 사람을 보냈지만 아무도 찾을 수가 없었습니다. 마침내 정중하고 품위가 있어 보이는 노인 분이 오셔서 그분께 마을 사람들이 저희가 그 건물을 구입하는 데에 반대하는 이유를 여쭈어 보았습니다. 그분은 마을 전체가 반대하는 것은 아니고 몇 사람만이 기독교에 대해 잘 모르고 반대하고 있는 것이라고 주장하셨습니다. 저와 같이 있던 형제들은 이 기회를 이용해서 그분에게 복음에 대해 많이 전해주었습니다. 반대하는 분들의 선입견이 조속히 해소되고 그분들이 교회를 위해 열심을 품은 대변자로 거듭나게 되기를 바랍니다.

　서천으로 가는 길에 배를 타고 강을 건너 신아포로 갔습니다. 그곳은 저희 집에서 보이는 곳으로, 160여 가구가 있는 큰 마을입니다. 이 마을에는 세례를 받은 가정이 있는데 그 가족은 궁말의 교회에 등록한 부부와 자녀입니다. 남편분은 주일학교 학생들을 가르치기 위해 우리가 그곳에 도착하기 바로 전에 한산으로 떠났습니다. 한 노인과 그분의 손자도 궁말로 예배를 보러 갔다고 들었습니다. 우리는 짐꾼들이 아침을 먹고 돌아오기를 기다렸다가 떠났습니다. 멀리 가지 않아서, 신아포에 사시면서 거기서 60리 떨어진 칠산의 교회에 참석하시는 좋은 옷으로 잘 차려 입은 정중한 중년의 조선 형제가 따라왔습니다. 이분은 세례 신청자이기도 합니다.

칠산은 스테드먼 선교사가 사역하던 지역에 있고, 펜윅(Fenwick) 선교사가 긴 간격을 두고 방문하는 곳입니다. 펜윅 선교사가 마지막으로 방문한지 약 1년 반 정도 되었습니다.

미래에 대한 저의 첫 번째 큰 바람은 좋은 선생을 구해서 언어를 잘 공부하는 것입니다. 지금의 선생은 없는 것보다는 낫지만 그와 공부하면 힘이 빠집니다. 우리 집에서 일하는 소년으로부터 몇 분간 배우는 것보다도 못할 정도의 헛수고입니다.

두 번째 바람은 저희가 사는 근처 마을에서 보다 더 많은 친구들을 사귀는 것입니다. 그렇게 시작하여 저희 집에서 보이는 모든 마을로 들어가 거기의 사람들과 접촉하는 것입니다. 강의 양쪽에는 배로 쉽게 갈 수 있는 큰 마을들이 있는데, 비교적 사역이 안 된 곳입니다. 벼 추수기 후에 그 마을들에 힘을 많이 쏟아서 사역을 시작하였으면 합니다.

존경하는 마음으로 보고를 드리며,

W. F. 불 올림.

1904년
W. F. 불의 개인보고서

전반적으로 올 한 해가 조선에서 보낸 시간 중에서 가장 만족스러웠고 가장 행복했습니다. 그 이유는 마침내 제가 실제로 치열한 싸움 속에서 활동하고 있다는 것을 느꼈기 때문입니다. 물론 약간의 낙담과 실망도 있었습니다만, 전반적으로 올해는 매우 고무적이었습니다.

지금까지 고무적인 것은 우선 전 사역지에 걸쳐서 참석자의 수가 크게 증가한 것입니다. 예를 들면, 연례총회 후에 처음 방문한 곳 중에 여자는 5명, 남자는 소년들을 포함하여 8명인 곳이 있었습니다. 최근에 제가 서울로 올라오기 전에 가보니, 교회당은 꽉 찼고 앉을 자리가 없어서 바깥에 자리를 깔고 앉은 사람이 43명이나 되었습니다. 그날 참석한 사람은 130명가량이었습니다. 지난 1년은 정말 좋은 기회 중 하나였으며, 우리는 그 기회를 최대한 활용하지는 못했더라도 좋은 사역들을 진행했습니다.

조사(助事)와 교회의 전도자들에게 항상 전도를 하도록 했고, 건강이 나아진 다음부터 저도 제법 시간을 내서 그들과 동참했습니다. 대부분의 세례 심사의 진행을 해리슨과 얼 형제님이 도왔기에 즐겁고 감사했으며, 여러 번의 전도여행에서 얼 형제님의 귀한 도움을 받으며 함께하는 즐거움을 가졌습니다. 봄에 제가 맡은 지역의 대부분의 그룹들을 방문하여 각각의 지역에서 2~3일을 지냈습니다. 교회를 본부로 삼으면서 거기로부터 사역을 전개했습니다. 조사와 그 지역 그리스도인들과 함께 기도를 한 후에, 도시락을 준비하여 아침에 나가서 저녁 먹을 때까지 마을에서, 논밭에서, 여관에서, 거리에서 개개인들과 모여 있는 사람들에게 복음을 전했습니다.

사람들이 하나님의 말씀을 들을 준비가 전이나 지금이나 상당히 되어있다는 것을 보는 것은 큰 즐거움과 격려였습니다. 교회에 오라는 초청을 받기 위해 그저 기다리고 있는 사람들이 어디든지 있는 것을 발견했습니다. 사역지는 희어져 추수하게 되었습니다. 믿음과 행함의 낫을 잘 들도록 기도로 갈고 그것을 휘두르기만 하면 큰 수확의 결과가 나올 것입니다.

물론 천국으로 들어가는 것 같이 보이는 이 많은 사람들은 생명의 떡에 굶주린 것이 아니라 궁극적으로 힘든 삶으로부터 피난처를 찾으려 한다는 것을 저희도 잘 알고 있습니다. 저희의 사역지에서 조선인이 교회를 찾는 여러 가지 이유들이 있습니다. 빚, 묘를 쓰는 것에 대한 논쟁, 기타 등등으로 그들 사이에는 어려움들이 있습니다. 그러나 주된 원인은 전쟁으로 인한 불안정한 국가 상황입니다.

저희는 그들이 종교적 형식에 이끌려 교회에 오는 것만으로 구원받을 것이라고 믿지 않지만, 그들이 교회에 오면서 말씀을 듣고 공부하면서 여러 사람들이 "진리를 배우며, 그 진리가 그들을 자유롭게 할 것"이라고 믿습니다. 성전의 미문에 앉아 구걸하던 절름발이가 그랬던 것처럼 이 사람들도 한 가지를 구했지만, 비교할 수 없이 훨씬 좋은 것을 얻을 수 있을 것입니다. 그렇기 때문에 희망을 갖고 기도합니다.

올해 있었던 여행의 즐거움들 중에 하나가 아주 두드러지게 기억이 납니다. 그것은 얼 형제님과 두 분의 조사들과 같이 광주를 방문했던 육로 여행이었습니다. 저희의 목적은 광주의 새로운 스테이션을 보는 것, 조선이라는 나라의 또 다른 곳을 보는 것, 이에 더하여 길가에서 복음을 전하며 많은 전도지를 주는 것이었습니다. 저희는 매우 느긋하게 가면서 어디서든지 청중을 만나면 멈추어 섰고, 눈에 들어오는 사람들에게 다가가기 위해서 길을 벗어나 마을, 언덕, 그리고 논밭으로 가기도 했습니다. 그 여행에서 전도지를 3~4천 부나 나누어 주었고 3~4백 개의 달력과 몇 권의 전도책자들을 팔았습니다.

전도가 되지 않은 지역을 많이 거쳐 지나갈 것으로 예상했습니다만, 장성 고개까지 가는 길에서 테이트(Tate) 형제가 남긴 전도의 흔적을 줄곧 보았습니다. 그가 남긴 큰 발자국을 도처에서 발견하였습니다. 맥커첸 형제의 발자국도 여기저기에서 발견했습니다. 장성 고개를 넘자마자 광주의 저희 친구들의 전도지를 발견하기 시작했고, 광주로 접근하면 할수록 더 많아졌습니다. 장성 고개를 넘은 후에 만난 사람들 중의 한 분은 이미 자기는 그리스도인이 되기로 결정했고 벨 선교사의 조사에게 그런 의사를 전달했다고 했습니다.

전도가 되지 않은 많은 지역을 통과할 것으로 예상했던 탓에, 이미 군산에서 광주까지 가는 길에 교회들의 띠가 형성되어 있음을 발견하고 즐거움에 겨운 놀라움을 느꼈습니다. 미전도 지역을 예상하고 전도를 하려는 마음으로 갔기 때문에, 한편으로는 연결된 교회들의 띠가 생각했던 것보다 훨씬 길어서 아쉽기도 했지만 말입니다.

저희 스테이션과 관련된 가장 고무적인 사역들 중의 하나는 충청도 원골입니다. 이 지역은 올해 추가된 지역이지만, 그곳의 그리스도인들은 6~7년 동안 믿어온 사람들입니다. 그들은 최근에 새로운 좋은 교회당을 지었는데, 그들의 열심과 노동은 가장 놀라운 것이었습니다. 재정적으로 기여할 수 있는 사람들은 아낌없이 드렸고, 그럴 능력이 안 되는 사람들은 와서 교회 건물을 세우기 위해 언덕을 깎아 부지를 준비하고 건물을 세우며 여러 날을 힘들게 일했습니다.

7월에 51명이 세례 심사를 받았습니다. 그 수는 그 교회에 참석하는 수의 반 정도 밖에 안 됩니다. 심사를 받은 사람들 중의 한 분은 그 마을에 사는 양반의 부인이었습니다. 그 부인은 어느 날 그 교회를 구경하러 올라와서 여자 편의 문 밖에 섰습니다. 그 부인은 거기서 들은 이야기들에 관심이 있어서, 그 다음 일요일에 교회당으로 왔고 문 안으로 들어와서 자리에 앉았습니다. 그 부인은 남편의 강력한 반대에도 불구하고 그리스도인이 되기로 결정했습니다.

그 남편은 양반의 자부심으로 가득 찬 사람이었기 때문에 그리스도인이 될 거면 집을 떠나라고 그 부인에게 말했습니다. 비록 갈 곳이 없었지만, 그 부인은 새로 얻은 믿음을 지키기 위해 집을 떠났습니다. 그리스도인들은 교회 관리인이 사는 집과 연결된 작은 방을 그 부인에게 주었고, 그들은 힘이 닿는 대로 그 부인을 지원하였습니다. 그리스도인들의 친절함과 그 부인의 진지함에 감복한 그 남편은 부인에게 집으로 돌아와도 좋다고 말하며, 단지 남편인 자기가 그리스도인이 될 것으로 기대하지 말라고 했습니다. 그 부인은 항상 자신의 자리에 있고, 자신의 새로운 신앙에 대해 매우 행복해하고 있습니다.

남참문에 있는 교회는 저희의 사역지 중에서 가장 큰 곳이며 계속 활기차게 성장하고 있습니다. 거기의 성도 몇 분은 전도 사역에 매우 적극적입니다.

솟철(문학골)에 있는 교회도 수와 은혜의 면에서 계속 성장하고 있습니다. 그 교회의 (비공식적인) 인도자는 소송에 참여하는 대가로 돈을 받았는데 죄책감을 느끼고 회개에 합당한 열매를 맺었습니다. 자신의 집과 정원 그리고 언덕의 토지를 팔아서 받았던 돈을 되돌려주었습니다. 그분은 저희가 알고 있는 빚뿐만 아니라 저희가 몰랐던 빚들도 정산하여 다 갚았습니다. 그 후로 그 인도자는 두루마기를 벗어 놓고 평범한 농장의 일꾼처럼 일하며 정직하게 살려고 노력하고 있습니다.

서천에 있는 교회는 여전히 생존을 위해 고군분투하고 있습니다. 백정들의 교회이기 때문에 인간적인 관점으로 보면 백정의 수가 늘지 않는 한, 교회가 성장하는 것을 기대할 수 없습니다. 한번은 조사들과 함께 복음을 전하고 전도지를 나누어 주기 위하여 서천 시장을 방문하였는데, 도살된 개고기 진열대 뒤에서 서천 교회의 교인들을 보았습니다. 그 광경을 본 후 이 교회가 성장하는 데에는 엄청난 장애물이 있다는 것을 그 어느 때보다 확실히 이해하였습니다. 교회 참석자가 거의 늘지 않았지만, 참석하고 있는 사람들은 성실히 공부하고 있으며, 그들 중 여러 사람들이 올해 교회로 받아들여졌습니다.

비인에 있는 교회는 조선에 있는 일반적인 사역의 모습이라고 생각합니다. 그다지 좋지 않은 환경에서 출발하였지만, 매우 좋은 사역이 될 것이라는 희망이 보입니다. 작년에는 수와 은혜의 면에서 성장했습니다. 은혜의 면에서는 더 그렇습니다. 내년에는 시골 사역에 많은 힘을 쏟으려고 합니다.

1905년
W. F. 불의 개인보고서

지난 1년은 선교 사역의 부수적인 다양한 경험으로 가득했습니다. 웃기고, 슬프고, 기쁜 일들로 말입니다. 용기를 받았는지 낙담을 했는지 말하기가 어려울 정도입니다. 하지만, 모든 일이 주님의 섭리 아래 이루어지며, 주님께서 이 사역에 저희보다 더 큰 관심을 가지고 계신다는 지속적이고 확고한 신념을 가지고 있다는 것을 전제로, 아마도 낙심을 더 많이 했다고 해야 할 것 같습니다.

네 군데의 정규 예배장소를 맡아 번갈아 가며 한 달에 한 번 설교하려고 했으나, 계획대로 실행했던 적보다는 못 했던 적이 더 많습니다. 궁말의 교회를 제외하고는 다 뱃길로 가야만 해서 조수와 바람의 영향을 많이 받기 때문입니다.

올해도 궁말 교회에는 진전이 없고 좋지 않은 소식만 있습니다. 매주 일요일 오후에 성도들이 두 명씩 나가 전도를 하기로 연초에 결정하였으나, 얼마 지나지 않아 다들 그만두었습니다. 인원도 몇 명 늘지 않았고 출석수는 거의 변화가 없습니다. 교인 중 몇 명은 징계를 받았습니다. 한 명은 음주와 안식일을 지키지 않은 이유로, 한 명은 사기를 저지른 이유로 징계를 받았습니다. 교회에서 가장 오래되고 믿음직스럽던 분이 실질적으로 믿지 않는 상태로 되돌아갔습니다. 그가 아주 가끔 출석하기에 어느 일요일 오후 왜 그런지 찾아가 보았습니다. 논밭에서 잡초를 뽑고 있는 그의 모습을 보고 저는 크게 상심하였습니다. 그 이후로 회개했다며 다시 정기적으로 출석하기 시작했습니다. 이 변화가 진심에서 비롯된 것이기를 바랍니다. 또한, 교회에서 중요한 역할을 맡고 있던 교인이 일본인들을 대신해서 논을 사들이는 일에 관심을 두면서, 믿음에서 점점 멀어졌습니다. 그는 결국 전주에서 체포되어 투옥되었습니다.

서천에 있는 교회도 간신히 버티고 있습니다. 교회 건물 위치에 관한 불교 신자와의 오랜 논쟁은 벌써 3년 넘게 지속되고 있습니다. 교회 인원 거의 모두가 백정입니다. 마치 그물을 쳐 백정만 빠짐없이 끌어들이고 도망가지 못하게 해 놓은 것 같습니다. 전킨 형제님과 함께 심사하는 도중 "직업이 무엇입니까"라는 흔한 질문이 그들에게는 쑥스러운 것이라는 것을 알게 되었지만, 저희에게는 고조된 얼굴색, 머쓱한 표정으로 답하는 그들이 재미있었습니다. 교회 건물의 보수 공사를 마치고 나니 보기 좋습니다. 작년 출석인의 수는 평균 오십 명이었지만, 세상의 이익을 목표로 했던 자들이 나갔습니다. 이에 더하여 이곳의 참가자 수도 줄었는데 꾸준히 참석하던 몇 사람들을 따로 떼어 해안의 비인면의 보성대에 예배처를 세우도록 했기 때문입니다. 또 이런저런 사정 때문에 오십 명에서 이십오 명으로 줄었습니다. 다른 사람들이 떠나갈 때에도 이 사람들은 믿음을 지켰기 때문에 이들이 끝까지 충실하기를 바랍니다. 작년에 성인 세 명과 유아 한 명만이 세례를 받았고 15명이 예비신자로 지정을 받았습니다. 예비신자 중 일부는 명부에서 제외되었습니다. 몇 명은 예배에 참석하지 않아서, 몇 명은 밤에

총을 들고 마을로 가서 교회의 이름으로 주민들의 돈을 **빼앗았기** 때문입니다. 면장에게 저희는 그들과 전혀 상관이 없음을 알렸고 그 면장은 그들이 저지른 어리석은 일에 대하여 대가를 톡톡히 치르도록 했습니다. 서천 교회는 어려운 상황 속에서도 성실히 운영되고 있습니다. 백정이 설립했고 그의 집에서 계속 모임을 가지기 때문에 예나 지금이나 모두 그들을 업신여기며 피합니다. 양반들(지위가 높은 사람, 즉 상류층)이 교회를 반대하는 주 원인이 이것입니다.

문학골에 있는 교회는 비슷한 숫자를 유지하고 있습니다. 몇 사람들이 떠났지만 새로운 사람들로 채워졌습니다. 여기의 사역이 제가 담당하는 여러 그룹 중에서 가장 큰 격려가 됩니다. 평균 참석 인원이 약 40명이며 다들 깨어 있고 진지합니다. 그들은 마당과 그늘진 나무가 있는 언덕 위 높은 곳에 위치한 멋진 큰 건물을 사서 교회당으로 사용하고 있습니다. 깨끗하고 깔끔하게 유지하기 때문에 그곳을 방문하는 것은 꽤 즐겁습니다. 그러나 여기도 다른 곳과 마찬가지로 악마가 열심히 일하고 있습니다. 세례 심사를 본 25명의 사람들 중에 남자 두 명과 한 젊은 과부가 세례를 받았습니다. 몇 달 동안 교회의 신임을 받다가 세례 받은 두 남자들 중 한 사람이 회중에서 유일하게 세례를 받은 여성과 함께 달아났습니다. 남자는 아내와 자녀들을, 여자는 딸을 남겨둔 채 도망을 갔습니다. 마지막 들은 바로는 그들은 주점을 운영하고 있다고 합니다.

전에 스테드먼 선교사가 맡았던 지역의 사역을 돌보지 않으면 안 되게 되었습니다. 실질적으로 돌보는 이가 없었기 때문에 사역은 상당히 큰 타격을 받았습니다. 많은 사람들이 다른 종교로 되돌아갔으며 나머지는 여러 파로 나뉘었습니다. 그들은 우리에게 와서, 저희 교회가 그들을 받아줄 것과 자신들의 사역을 맡고 책임져 달라고 편지도 보내고 직접 찾아오기도 하며 반복하여 다급하게 요청했습니다. 그들을 저희 교회로 받아들이지는 않았지만 제가 가끔 방문하여 성도들이 흩어지는 것을 막고 같이 하도록 추스르고 있습니다. 그들은 여전히 스테드먼 선교사의 귀환을 기다리고 있고, 그는 돌아올 의향이 있는 것처럼 편지를 써서 보내옵니다. 저는 그들에게 스테드먼 선교사가 돌아올 때까지 교회를 유지하기 위해 종종 방문하겠다고 말했습니다.

연초에 저는 두 가지 일을 할 조사가 정말 필요하다고 느꼈습니다. 먼저 제 사랑방(손님방)에 와서 머무는 이들에게 말씀을 전하는 것이며, 다른 한 가지는 저와 함께 여행을 다니며 시골 사역을 하는 것입니다. 정규 조사로서 누구도 고용하지 않았지만 제 필요는 만족스럽게 충족되었습니다. 예전에 스테드먼 선교사와 함께 있었던 늙은 소경인 분이 스테드먼 선교사가 일본으로 떠난 이후 저를 찾아왔었습니다. 그의 소박하고 성실한 믿음과 진실함, 고난에도 아랑곳하지 않는 밝고 명랑한 그의 성격은 어느 공동체에나 복이 됩니다. 그는 기도의 사람으로 알려져 있으며 저희 사역의 영적인 힘입니다. 다른 사람들에게는 연민의 대상에 불과하겠지만, 그는 사랑방 조사 역할을 훌륭하게 해내고 있습니다. 저희 집 대문이나 사랑방을 찾아온 사람이면 그와 대화하지 않고 가는 사람이 거의 없습니다. 그에게 외출을 여러 번 제안했지만, 그는 매번 누군가가 와서 복음을 듣지 못한 채 갈 수도 있다며 거절했습니다. 사랑방에 인기척을 내지 않고 들어가 보면, 찾아온 이들과 기도하거나 전도하는 그의 모습을 자주 보게 됩니다. 한번은 세례를 받았으나 배도했고 행실이 마을에서 제일 나빠진 사람에게 회개를 권고하고 있었습니다. 그의 진지함과 영적 기쁨은 저희 모두에게 모범이 됩니다.

또 시골 사역을 위해 자원한 훌륭한 조사도 생겼습니다. 그분은 저희 집안일을 하는 소년의 아버지이고 저희 아마(Amah – 보모)의 남편입니다. 여행 경비에 약간 보탬을 받는 것을 제외하고는 급여나 어떤 종류의 보수도 없이 거의 모든 여행에 동행했고 저에게 큰 위안이 되었습니다. 사실 그와 함께 가지 않은 여행에서 그가 얼마나 도움이 되는지를 절실히 느꼈습니다. 교회 사역에 귀중한 분이며 어떤 일이라도 그에게 주저 없이 맡길 수 있습니다. 특히 다른 종교를 가진 분들을 전도하는 일을 잘하는 소중하고 충실한 분입니다. 그는 전도할 수 있는 기회를 놓치는 경우가 거의 없고, 그에게는 전도하는 일에 대해 이런저런 얘기를 할 필요가 전혀 없습니다. 저는 세례 심사를 보는 사람들과 오랜 그리스도인들로부터 그의 충실한 사역에 대해 많은 간증을 들었습니다. 그의 덕분에 책도 많이 팔고 전도지도 많이 배부했습니다. 시골 그룹을 오가는 도중 많은 군중에게 복음을 전하였고, 다른 종교를 믿는 사람들에게 전도할 목적으로 여러 차례 함께 여행했습니다. 그는 대부분의 시간을 길에서 보냅니다.

환등기가 복음 전파에 큰 도움이 되고 있어서 여러 번 사용했습니다. 많은 관중을 모아 그들에게 진심 어린 태도로 전해지는 성경 말씀을 들을 수 있는 기회를 주었습니다. 복음을 전한 후에 많은 전도지를 나누어 주었고 책을 팔기도 했습니다. 한창 뜨거운 여름인지라 환등기를 쓰기에는 매우 부적합한 시기이지만 레이놀즈 형제님께서 환등기 사용 기간을 늘려 주신 덕분에 연례총회 직후 이를 가지고 장기 여행을 할 계획입니다.

상반기의 학기 동안 청소년기의 남자 아이들에게 지리수업을 가르치며 많은 흥미와 즐거움을 느꼈지만 시간이 부족했기 때문에 그만두어야 했습니다. 다른 일을 기쁘게 할 수 있는 많은 시간을 사무장 업무와 재무 관리의 일로 빼앗기고 있습니다. 제가 이일을 함으로 다른 사람들의 부담을 덜어주는 것을 유일한 위안으로 여깁니다.

해안가 비인면 보성대에서 새 사역을 시작하였는데, 14명의 성도가 정기적으로 출석하고 있습니다. 저는 아직 방문하지 못했지만, 조선 형제 중 한 명이 정기적으로 방문하고 있습니다. 서천에서 약 30리(8마일, 12킬로미터 – 역자 주), 강에서 약 50리(13마일, 20킬로미터 – 역자 주) 떨어져 있는 곳입니다.

8월 말에 갓개와 새울까지 여행을 했습니다. 길을 가다 보면 마을마다 있는 돌무더기와 끝이 날카롭게 깎여진 죽창이 눈에 들어왔습니다. 러시아군에 대항하여 일본군과 같이 전투에 투입될 병사들을 징집한다고 알려졌고, 강제징집에 맞서 자신을 방어하고, 그들을 잡으러 온 자들을 죽이기 위해 준비해 놓은 것들이라고 합니다.

온 지역이 떠들썩했고 여기저기서 군중집회가 열리고 있었습니다. 남자들은 집에서 자는 것이 두려워서 산으로 올라가 그곳에서 밤을 보냅니다. 일요일에 마을 사람 전체가 강제징집에 대해 관아에 항의하고 징집과 관련해서 사람이 오면 폭력을 행사하겠다는 선전포고를 했습니다.

이날 예배가 끝난 후 한 남자가 비인에서 편지를 들고 와서 김치만과 다른 6명의 그리스도인들이 체포, 결박, 구타를 당했다고 알리며, 그들을 그와 같은 핍박에서 구해달라고 요청했습니다. 그 후에 드러난 사실은 그들이 자처한 것처럼 그렇게 순진한 양들은 아니었습니다. 그곳의 소위 교회라고 하는 단체가 어떤 불량한 사람으로부터 정당한 빚을 강제로 징수하려 했고, 그 불량한 자는 사람들을 선동하여 그들을 잡기 위해 폭도를 보냈던 것이었습니다.

올해 해오던 것과 같은 일을 계속하게 되겠지만, 사무장 업무와 재무의 일에서 벗어나 다른 일, 특히 다른 종교를 믿는 사람들을 상대로 한 선교 사역에 전념할 수 있게 되기를 간절히 바라고 있습니다. 작년의 성과가 기대에 미치지 못했지만 낙심하지 않고 앞으로 더 나아질 것을 희망하고 있습니다.

1906년
군산 스테이션의 개인보고서
W. F. 불 목사

연례총회 이후의 수개월을 되돌아볼 때, 그 시간들은 축복으로 충만했기 때문에 만복의 근원이신 하나님을 찬양하는 것으로 보고를 시작하지 않을 수 없습니다.

첫 번째는 생활적인 면에서나 건강의 면에서나 축복을 넘쳐흐르도록 받았습니다. 주님께서는 거의 모든 때에 저희가 건강하도록 축복하셨으며, 생활에 관한 모든 걱정과 염려에 얽매이지 않고, 전에 없이 활발하게 저희의 모든 시간과 힘을 사역에 쏟을 수 있었습니다. 따라서 제가 조선에 와서 보낸 시간들 중에서 가장 충만하고 만족한 해였습니다.

사역이 왕성해지고 하나님의 나라의 진전을 보는 것은 가장 큰 기쁨입니다. 성령께서 충청도에서의 사역과 저희 지방의 교회와 함께 하셔서 부흥이 계속 일어나고, 상당히 많은 수의 사람이 새로이 교회에 나오게 되었습니다. 8개월 전에는 저에게 할당된 지역에 단지 6개의 집회 장소가 있었지만, 지금은 18개입니다.

10월 3일에 연례총회에서 돌아와서 집에 있다가 10일에 가족과 함께 전주로 떠났습니다. 거기서 10일간 좋은 친구들과 기쁜 만남을 가졌습니다. 19일에 전주에서 돌아와서 20일 하루를 쉬고 21일에 원골이라는 곳으로 짧은 여행을 갔다가 23일에 집으로 돌아왔습니다. 그 후 5일간 집에 있다가 새로운 지역으로 한 달 간의 일정으로 출발하였습니다.

여행에 저희 요리사도 함께 데리고 갔는데, 한 달간 먹을 식량과 침구류, 그리고 제 간이침대를 실은 작은 당나귀를 돌볼 사람이 필요했기 때문입니다. 제 조사와 교회들의 전도자도 복음을 전하기 위해 같이 갔고, 많은 전도책자와 전도지를 무겁게 짊어진 짐꾼도 동행했습니다. 저희는 강을 건너 충청도로 들어가 해변을 따라 늘어서 있는 고을들을 거치면서 느긋하게 북쪽으로 이동했습니다.

마을에서, 여관에서, 시장에서, 그리고 길에 서 있는 사람들에게 복음을 전하며 이동했기 때문에, 하루 이동 거리는 10에서 15마일 (14~24킬로미터 – 역자 주) 정도로 짧았습니다. 특히 많은 청중들이 있고 복음책자를 많이 팔 수 있는 시장들에 대해서는 특별한 노력을 기울였습니다. 저희는 관아(행정관청 – 역자 주)에서 멈추곤 했는데 여기서도 청중들이 제법 있었습니다.

이 나라는 매우 준비된 상태라는 것을 알 수 있었습니다. 사람들은 전에 없이 교회로 오라는 초청을 기다리며, 전과는 달리 전도책자를 사고, 말씀을 들으려는 준비가 되어 있습니다. 이 나라에 YMCA의 이름으로 되어있는 불신자들의 모임이 수두룩하다는 것을 알게 되었습니다. 이 모임들은 교회와 공식적으로 관계를 맺기 원하지만 그리스도인이 되는 것까지는 원하지 않습니다.

전에 비하면 저희에게 물어보고 싶어 하는 사람들이 훨씬 많아 졌습니다. 그렇기 때문에 청중을 찾기 위해 바깥으로 나갈 필요가 없었습니다. 여관에 조용히 앉아 있으면, 저희에게 물어보려는 사람들이 끊임없이 계속 들어왔습니다. 그러한 문의가 너무 많아서 종종 휴식을 취하여야 할 때도 쉴 수가 없었습니다. 한번은 밤이 되어 자려고 불을 끄고 있었는데, 명성이 있는 관리들의 자녀인 세 청년이 저희 방문 앞에 와서 저희가 아직 잠들지 않았으면 방에 들어가 만났으면 좋겠다고 말했습니다. 그들은 3마일(4.8킬로미터 – 역자 주)이나 떨어진 이웃마을에서 왔는데, 저희가 머물고 있는 곳을 알고 복음에 관해 묻기 위해 왔습니다. 저희는 잠자리에서 일어나 불을 켜고 그들과 매우 늦게까지 이야기했습니다. 그들은 많은 관심을 가지고 있는 것처럼 보였고, 책을 몇 권 사가지고 돌아갔습니다.

이번 여행에서 군산에서 북쪽으로 300리(약 100마일) 정도 떨어져 있는 당진까지 갔습니다. 돌아오는 여행길에서는 내륙으로 들어와 여러 고을을 거쳤습니다. 도중에 택산의 온천도 들러 왔습니다. 11월 23일에 여행에서 돌아와서 12월 2일까지 집에 머무르며 지역 사역을 했습니다. 12월 2일에 이미 세워진 그룹들을 돌면서 세례 심사를 하기 위해 집을 떠났습니다. 이번 여행에서 얼 선교사와 함께하며 그의 도움을 받는 기쁨을 누렸습니다. 저희 조사들도 같이 갔는데, 가는 모든 곳에서 복음을 전하며 이동하였습니다.

12월 12일에 집으로 돌아와서 선교훈련반이 시작하는 1월 1일까지 집에 머무르며 군산의 교회 사역을 하였습니다. 저는 상급반에서는 구약역사를, 그리고 중급반에서는 요한복음을 즐겁게 가르쳤습니다.

훈련반이 끝난 직후에 스테이션에 지어질 건물들에 사용될 소나

무들을 사러 얼 선교사와 같이 충청도로 짧은 여행을 떠났습니다.

1월 30일 학교의 첫 학기를 시작하여 스테이션 훈련이 시작되는 2월 9일까지 섬겼습니다. 그런 후에 해리슨 선교사 덕분에 학교의 일에서 벗어나 2월 23일까지 스테이션 훈련과 교회 사역을 하였습니다. 24일에 시골여행을 떠나려고 계획을 했지만, 독감 증상이 약간 있어서 며칠 연기하였습니다.

이즈음에 전부터 교회에 대해 냉담했던 여러 명의 마을 사람들이 모여서 그들, 즉 마을 전체의 사람들이 교회를 다니기로 결정하였습니다. 마을의 몇 사람들은 그 결정을 거부하였지만, 한편으로는 그 다음 주일부터 교회에 나오는 사람들이 여럿 있었고, 그 후로 비교적 정기적으로 참석하고 있습니다. 그들이 구원받기를 바라며 기도합니다.

3월 1일에 저는 다시 한 번 교회들을 돌아보기 위해 집을 떠났고, 처음으로 여러 새로운 그룹들을 방문하였습니다. 2주 동안 돌아다니면서 교회들이 더욱 크게 성장해 있음을 보고 기뻤습니다. 특히 상류층에서, 많은 경우에는 최상류층에서도 그랬습니다. 한 그룹은 왕을 보좌하던 전직 내각 대신의 집에서 모여 왔습니다. 관리 층인 상당수의 저명한 사람들이 그 교회에 관심을 보였습니다. 임천군수도 왕골 교회에 참석을 했는데, 그 분과 그 군에 살고 있는 사람들의 요구로 그 곳에도 집회소를 설립하였습니다. 모이기에 적합한 관청 건물들 중의 하나에서 모이고 있지만, 곧 교회 건물을 얻을 계획을 하고 있었습니다.

3월 12일부터 30일까지는 학교의 2학기여서 집에 머물면서 학교를 섬기며 이곳 교회의 일도 했습니다.

3월 31일에는 훈련반도 열고, 세례 심사도 실시하고, 전에 가지 못했던 먼 곳들도 방문하기 위하여 한 달 일정의 여행을 떠났습니다. 이 여행에서 흥미로운 노부부를 만났는데, 그 분들에 관하여 말할 시간과 지면을 할애하는 것이 마땅하다고 생각합니다.

군산에서 떨어진 산중의 '모듬내'라고 하는 곳에 있을 때, 외눈인 노인 한 분이 저희 여관방으로 찾아와서, 자신을 저에게 소개했고, 그런 후에 조사(助事)인 김 형제를 보면서, "혹시 나를 기억하오?"라고 했습니다. 김 형제는, "기억하지 못하겠습니다."라고 대답을 했습니다. 그러자 그 노인은 말했습니다.

"4년 전에 자네가 서울로 갈 때, 여기의 큰 길에서 나를 만나 나에게 전도지를 주었고, 같이 걸으면서 복음에 대하여 내게 이야기를 해 주었는데, 기억이 안 나시오? 집에 가서 그 전도지를 여러 번 읽었고, 자네가 말한 것을 생각하면서 그것은 꼭 내가 원하던 것이라고 생각을 했소. 그것에 관하여 나의 늙은 아내에게 말했는데 아내는 나보다 훨씬 더 관심을 많이 가졌고, 우리는 더 많이 듣기를 간절히 원했소. 얼마 후에 자네를 만났던 그 길에서 그리스도인인 상인을 만났고, 그에게 다음에 올 때에는 책들을 가져오라고 부탁을 했소. 그 상인은 그렇게 하겠다고 약속을 했고, 약속한대로 그 다음에 왔을 때 여러 소책자들을 가지고 왔소. 나와 아내는 그 후부터 밤낮으로 그 책들을 공부해왔으나, 박해의 두려움 때문에 은밀히 공부했소. 그러나 누군가가 우리에게 더 가르쳐 주기를 바라던 중에, 자네가 여기 왔다는 것을 듣고 찾아온 것이오. 내 늙은 아내도 같이 오기를 원했지만 너무 늙어 올 수가 없었소."

그날 저희는 10마일(16킬로미터 – 역자 주) 떨어진 다른 곳으로 떠나려고 했습니다. 저의 조사는 책자의 무거운 짐을 등에 지고 계속해서 걸어야 했지만, 자진해서 그 노인의 집으로 가서 성경을 읽고 그들에게 설명해 주려고 노인을 따라 갔습니다. 그날 밤 김 형제가 돌아와서 저희와 합류했을 때, 그 노인의 집을 방문한 것에 대한 기쁨이 넘쳐 있었습니다. 그 노인의 아내인 아주머니는 그를 진심으로 환영했고, 성경을 읽으며 설명해 주었을 때 두 분은 아주 뜨거운 관심을 갖고 경청했습니다. 우리의 죄를 대신해서 예수님이 십자가에서 고난을 겪으시고 죽은 것을 읽었을 때, 눈물이 그 노인 아주머니의 뺨에 흘러내렸습니다. 그가 떠나려고 할 때, 그들은 김 형제가 와준 것에 대해 감사했고 자신들을 잊지 않을 것과 가능한 한 빨리 성경을(당시는 절판 중이었습니다.) 보내줄 것을 간곡히 부탁하였습니다. 이것이 성령의 역사가 아닙니까? 복음은 구원의 능력이 아니고 무엇이겠습니까?

4월 27일에 이 여행에서 돌아와서 집에 있다가 몇몇 그룹들의 세례 심사를 위해 5월 7일에 길을 떠났습니다. 108명을 심사했고, 9명을 세례 대상자로, 40명을 세례 지원자로 지정했습니다. 이들을 포함해서 연례총회 이후 총 253명이 심사를 받았고 27명이 세례 대상자로, 143명이 세례 지원자로 지정되었습니다. 어떤 그룹들은 심사를 받을 준비가 되어있지 않았으며, 몇몇 그룹은 준비는 되었으나 그들에게 갈 수가 없었기 때문에, 이 숫자들은 사역지의 실제 상황을 완전하게 나타내고 있지는 않습니다.

저에게 할당된 지역들은 가장 유망하기 때문에, 성실히 노력한다면 풍성한 수확을 거둘 수 있을 것 같습니다. 해안을 따라서 저희가 아직 가보지 못한 여러 큰 섬들이 있습니다. 이런 지역 중 하나가 안면도인데 길이가 27마일(43킬로미터 – 역자 주)이고 폭도 그 정도 되는 섬입니다. 육지에서 일하기 너무 더운 여름철에, 얼 선교사와 저는 이런 곳에서 사역을 하려고 계획하고 있습니다. 얼 선교사로부터 사역 상의 도움을 받아서 감사하고 매우 기쁘며, 내년에는 얼 선교사와 더 가깝게 일하게 될 것으로 보이기 때문에 더욱 기쁩니다.

불 선교사와 동역하였던
남장로교 선교사들의 편지들

유진 벨이 알렉산더에게 보낸 편지
해리슨이 알렉산더에게 보낸 편지
코이트가 알렉산더에게 보낸 편지

유진 벨이 알렉산더에게 보낸 편지

1904년 2월 18일
목포

존경하는 알렉산더 박사님께

아직 소식을 듣지 않으셨다면, 5월에 노퍽에서 제가 마가렛 불[1] 양과 결혼할 것이라는 소식을 알려드리며 박사님께서도 기뻐하실 것으로 압니다. 4월 8일 요코하마에서 임프레스 차이나에 승선하여 출항 후, 밴쿠버에는 4월 20일에 도착할 예정입니다.

제가 집에 가는 주요한 목적은 결혼이지만, 두 번째의 목적은 우리가 매우 필요로 하는 지원을 받기 위한 것입니다. 우리의 일은 도움을 받아야 하는 단계에 이르렀습니다. 군산과 전주에서 원하는 것 외에도, 목포 스테이션을 위해 올해 적어도 한 명의 의사와 복음전도자가 필요합니다. 저는 신학생들을 만나본 후에 가기 때문에, 집에는 조금 늦게 도착합니다. 그러한 점을 양해하시면서 저를 맞아 주셨으면 합니다. 제가 도착하자마자 좋은 사람들, 적어도 관심을 가질 만한 사람들과 연락할 수 있는지 알아보

---

1 군산에 단기 선교를 와서 멜볼딘여학교 학생들을 잠시 가르치다가 귀국했던 윌리엄 불의 누이이다.

아 주셨으면 합니다.

저는 여전히 포사이드를 고려하고 있습니다만, 오랫동안 그로부터 소식을 듣지 못했습니다. 그러나 아직 희망을 포기하지 않고 있습니다. 프레스톤 부인의 어머니께서 스테이션에 오신다는 것을 그의 어머니께서 듣고, 같이 오시게 되기를 바랍니다.

저는 제 약혼이 언제 발표될지 모르기 때문에, 그 때까지는 제 계획을 비밀로 해 주실 것을 부탁드립니다.

밴쿠버에 도착하자마자 받을 수 있도록 편지를 보내주시면 감사하겠습니다. 주소는 다음과 같습니다.

케어 캐나다 퍼시픽 철도

밴쿠버, B.C.

편지 봉투에 "4월 20일 임프레스 차이나로 도착 예정"이라고 표시해 주세요.

저의 이러한 계획들에 대해 박사님의 도움을 부탁드리며, 박사님의 가족들에게 안부를 전합니다.

진심을 담아서,

유진 벨.

추신. 전쟁이 우리의 일을 방해할 것이라고 우리는 전혀 예상하지 않습니다.

1904년 4월 21일
북태평양, [노스 코스트 리미티드 도중에서]

존경하는 알렉산더 박사님께

북태평양 이 쪽에서 박사님께 말씀드릴 수 있게 되어 기쁘고, 조만간 뵙고 좋은 대화를 나눌 수 있기를 바라며, 이 편지는 업무에만 국한하겠습니다.

저는 어제 밴쿠버에서 루이스빌로 두 상자를 보냈습니다. 그 상자들은 전킨 선교사에게서 받아서 가져가려는 것입니다. 영사송장과 운송장 각각 1부를 동봉합니다. 다른 1부의 송장은 벤쿠버에 있는 C.P.R.의 화물 거래소에 맡겨 두었습니다. 24시간의 지연이 없이 세관을 통과하는 것은 불가능하기 때문에 루이스빌로 그 두 상자를 보냈습니다. 이런 이유 때문에 스프링 스테이션 대신 루이빌로 발송해야 했습니다. 루이스빌로의 운임 9.62달러를 먼저 냈습니다. 밴쿠버에서 운송비용 3.5달러와 한국에서 밴쿠버까지의 운임을 합하면 총 13.12달러입니다. 물론 그 상자들에게는 세금이 부과되지 않았겠지만, 제가 탄 기차는 밴쿠버에서 오전 9시 5분에 출발했고, 그렇게 이른 아침에는 세관원도 근무하지 않았습니다.

박사님께서는 제가 마가렛 불과 5월 12일 경에 결혼할 것을 알고 계시지요? 특히 우리 서로를 소개해 주셔서 감사하기 때문에, 우리 두 사람은 박사님께서 꼭 참석하실 수 있기를 바라고 있습니다. 박사님 기억하고 계시지요?

다음 주 화요일쯤 집에 도착해서 뵙고 한국의 사역과 사역자들에 대해 말씀드릴 수 있기를 기대합니다. 저는 한국 사역을 강화하기 위한 특별한 방안을 생각하고 있으며, 박사님께서 저에게 좋은 사람들을 소개해 주셨으면 합니다. 전킨 선교사와 모든 한국선교회는 박사님께 안부를 전하며 기억해 주시기를 부탁했습니다.

진심을 담아서,
유진 벨.

추신. 화물 운송 회사(C. P. R)에도 우편 주소를 알려 주었습니다.

1904년 4월 27일
스콧 스테이션, 켄터키

존경하는 알렉산더 박사님께

보내 드릴 상자의 선하증권(B.L.)을 별도의 봉투에 넣어서 보냅니다.

이 편지를 급히 보냅니다. 그 이유는 5월 10일 오후 5시 교회 결혼식 때 노픽으로 오셔서 저의 "신랑 들러리"를 해 주실 수 있는지 여쭈어야 하기 때문입니다. 박사님께서는 우리를 소개하셨고 반드시 그 소개가 결혼으로 성사되도록 후속조치를 취하시겠다는 말씀을 기억하실 것입니다. 그 외에도 박사님께서 그 시간에 저희와 함께 해주시고 우리를 격려해 해주시면 박사님께도 대단한 즐거움이 될 것입니다. 꼭 그렇게 하실 수 있기를 바라며 박사님의 가족들에게도 안부를 전합니다.

진심을 담아서,
유진 벨.

1904년 5월 2일

스콧 스테이션, 켄터키

존경하는 알렉산더 박사님께

박사님의 편지를 잘 받았고, 박사님께서 10일에 노퍽(Norfolk)으로 오셔서 저를 도와주시겠다는 말씀에 대해 매우 기쁩니다. 제가 박사님을 뵐 기차 편을 편지로 알려 주세요. 보내실 주소는 노퍽 프리메이슨길 285번입니다. 만약 박사님께서 오실 수 없다면, 저에게 전보로 알려주세요. 그렇게 되더라도 저는 괜찮습니다.

네 명의 의사들이 모두 한국에 갈 수 있게 되기를 바랍니다. 우리는 그 분들이 몹시 필요합니다.

저는 화요일이나 수요일에 노퍽으로 떠납니다. 박사님을 곧 뵙기를 바랍니다.

진심을 담아서,

유진 벨.

1904년 5월 23일
애쉬빌, 노스캐롤라이나 주

알렉산더 박사님께

제 아내와 저는 이번 주 수요일에 스콧 스테이션의 집에 도착할 예정입니다. 목요일에 루이빌에서 제안된 회의를 가질 수 있는지 알고 싶습니다. 제가 편지를 쓴 사람들 중 답신을 해온 리이비스(Reavis)를 제외하고는 다른 누구로부터도 소식을 듣지 못하였습니다. 수요일에 스콧 스테이션에서 받을 수 있도록 엽서를 보내주세요. 필요하다면 전화 통화를 할 수 있습니다. 수요일 오후 내내 집에 있을 예정입니다.

저희는 유쾌한 여행을 했고 저희를 지원하는 교회와 함께 즐거운 한 주를 보냈습니다. 그들은 작년에 외국선교 1,333달러를 그리고 국내선교에 미화 2,035달러를 헌금했습니다.

제 아내와 저는 안부를 전하며, 박사님을 곧 뵙기 바랍니다. 박사님께서 다양한 여러 기회에서 저희와 함께 해 주셔서 저희 둘 모두에게 대단히 기뻤고, 우리에게 베풀어 주신 친절과 관심을 저희는 잊지 못할 것입니다.

저희가 집에 무사히 도착하는 것과 박사님의 모친께서 건강해지시기를 바랍니다. 어머님께 안부를 전해주세요.

빨리 만나길 바라면서

진심을 담아,

유진 벨.

1904년 6월 10일
내슈빌, 테네시

알렉산더 박사님께

아내와 저는 다음 주 월요일이나 화요일에 켄터키로 돌아갈 예정이며, 19일 일요일 이후라면 언제든 박사님을 뵈러 갈 수 있을 것 같습니다. 언제가 좋을지 알려주십시오. 오 선생님, 놀런 박사, 스튜어트 모펫, 집행위원회를 만나고 왔습니다. 이와 관련하여서 박사님과 상의하고 싶습니다. 그러나 서신으로는 하는 것보다 뵙고 상의하기를 원합니다.

아내와 함께 안부를 전합니다.

진심을 담아서,
유진 벨.

1904년 6월 14일
스콧 스테이션

알렉산더 박사님께

　제가 한 달간 집에 있다는 소식을 들으시면 놀라실지도 모르겠습니다. 가족들은 지금 버지니아에 있습니다. 제가 8월 1일경에 돌아가려고 하는데 그 전에 뵙기를 바랍니다. 오 선생님의 주소를 보내 주시도록 부탁합니다. 선교사님의 어머니, 아내 및 모든 가족에게도 안부를 전해주세요. 짧막하게 써서 죄송합니다. 편지 쓰기를 미루기보다는 차라리 카드를 보내는 것이 낫겠다고 느껴 보냅니다.

　급히 썼습니다.
　유진 벨.

1904년 6월 17일
스콧 스테이션, 켄터키

존경하는 알렉산더 박사님께

어젯밤에 박사님의 편지를 받았습니다. 아내와 저는 월요일에 올라가서 화요일까지 머무르게 되어 매우 기쁩니다. 그 후에는 렉싱턴에 있는 친구들을 보러 갈 예정입니다. 우리는 서어던에서 기차를 타고 오전 11시에 미드웨이에서 내리려고 합니다. C.&O. 기차편은 스프링 스테이션에 정차하지 않습니다. 박사님께서 우리를 미드웨이에서 만나는 것이 더 편리할 것이라고 생각하고, 아울러 저희가 그 시간에 맞추어 갈 수 있다고 생각합니다.

어제 다니엘 박사로부터 멋진 편지를 받았어요. 8월 중순까지는 출발할 수 있다고 하셨기 때문에, 모두가 함께 항해할 수 있을 것 같아 기대가 됩니다. 최근에 포사이드로부터 편지를 받은 적이 있지만, 사실상 별 내용은 없었습니다. 지금까지도 그가 여전히 확실하지도 긍정적이지도 않아서 실망했습니다. 저는 그를 렉싱턴에서 보기를 바라고, 그가 문제들을 해결하고 우리와 함께 갈 준비를 시작하도록 바라고 있습니다.

아내와 저는 같이 안부를 전합니다. 월요일에 박사님을 뵙기를 바랍니다.

진심을 담아서,

유진 벨.

해리슨이 알렉산더에게 보낸 편지

1903년 11월 6일
조선, 전주

존경하는 알렉산더 박사님

정말 오랜 만에 보내주신 친절한 편지에 이제야 답장을 합니다. 그렇게 된 이유는 감사한 마음이 부족해서가 아니라, 제가 10월 6일에 한국으로 돌아온 이후로 감당해야 하는 일과 의무들에 의한 압박감 때문이었습니다. 그때에 제물포에서 다른 것들과 함께 박사님의 편지를 받았습니다.

그것은[2] 우리가 감당해야만 하는 참으로 큰 손실이었습니다. 예수님의 죽으심으로 모든 것이 이루어졌다는 것은 측량할 수 없는 지혜이며, 우리는 그것으로 위로를 받습니다. 기도해 주셔서 감사합니다. "버림을 당하여도 버려지지 않는다"는 말로 큰 위로를 받았습니다. 조선인들은 가식 없이 매우 슬퍼하였습니다. 어떤 상황에서도 제 아내는 그들의 진정한 친구였습니다.

그저 제가 아내와 함께할 수 있었던 것은 큰 특권이었고, 그렇기

---

2 1903년 해리슨 선교사의 부인은 발진티푸스를 심하게 앓다가 소천하였다.

때문에 저는 훨씬 더 나은 사람이 되었다고 확신합니다. 박사님께서 짧은 기간이었지만 방문해 주셔서 매우 기뻤습니다. 좀 더 오래 계셨다면 좋았을 텐데요.

박사님께서 저의 집에 오셨을 때에, 있어야 할 가족이 없다는 것을 발견하셨지요. 박사님께서는 저희와 함께 슬퍼하시고 동정하셨는데, 그 동정을 말로는 다 표현할 수 없는 것이었습니다.

상을 받으러 가신 신실한 분들을 생각하며, 나는 종종 "오 주여! 진리의 훈련으로 그들을 따라가도록, 저에게 은혜를 베풀어 주세요"라고 기도합니다.

군산에 있는 저희는 박사님을 많이 그리워합니다. 여기서 훌륭하게 섬겨 주셨고, 그리고 다른 곳에서는 더 많이 섬기실 것으로 생각합니다.

다시 한번 감사드립니다.

주님께서 하신 섬김을 담아서,
W. B. 해리슨.

1904년 3월 13일
조선, 목포

존경하는 알렉산더 박사님께

박사님의 고마운 편지를 12월 21일에 때마침 잘 받았습니다. 편지를 보내주셔서 매우 고맙습니다.

수년 동안 저는 아버지와 그의 형제들을 못 보았지만, 우리 집의 친숙한 장면들 가운데 아버지는 저에게 대단히 중요한 분이셨습니다. 이제 저는 새로운 시대에 들어온 것 같은 기분이 듭니다. 하지만 박사님께서는 제가 말씀을 드리는 것보다 훨씬 더 이 의미를 잘 알고 계십니다.

제가 고난 중에 위로와 축복을 받았다고 말할 수 있어서 기쁩니다. 사랑이 한이 없으신 하나님 아버지의 자녀로서, 우리는 그분이 하시는 모든 일을 기뻐해야 합니다. 그분의 신비가 모두 드러나는 날은 영광스러운 날이 될 것이며, "주님의 뜻이 이루어 질 것이다"라고 당당하게 외칠 것입니다.

전킨, 테이트(Tate), 벨, 오웬(Owen)과 저는 훈련과정을 맡아 진행해 왔습니다. 75명이 참석하였고, 그들은 품행은 좋았습니다. 저희의 지역은 그 사역을 매우 기대하고 있습니다. 저희는 전쟁이 그 사역을 방해하지 않을 것이라고 생각합니다. 저희는 전쟁을 거의 보지 못했고, 우리 지역에서의 전쟁은 일본군이 남쪽으로 몰려올지의 여부에 달려 있습니다. 저희는 뉴스를 늦게야 듣습니다. 박사님은 아마 우리보다 더 빨리 소식을 접할 것입니다. 저희가 더 굳게 되어야 한다는 것과 그렇게 되도록 노력해야 한다는 것에 매우 공감합니다.

박사님의 친절한 편지에 다시 한번 감사드립니다.

고난 중에서,

W. B. 해리슨.

1905년 5월 5일
조선, 군산

소중한 친구이며 존경하는 알렉산더 박사님께

잊지 않고 보내주신 청첩장을 손에 들고 서둘러 축하의 인사를 전합니다.

적합한 상황에서 하시는 결혼이기 때문에, 저의 진심에서 우러나오는 축하를 드립니다. 박사님께서 처한 모든 상황이 결혼하시기 적절하다고 여깁니다.

오래오래 행복한 결혼생활을 하시고, 지금 신부로 사랑하는 것처럼 날마다 더욱더 사랑해주세요.

제가 바라고 바라는 소원은 하나님 아버지께서 제 아내를 저와 함께 있게 하신 동안 제 아내가 그랬던 것처럼 박사님의 아내가 돕는 배필로서 기쁨이며 즐거움이라는 것이 증명되는 것입니다.

유럽으로의 신혼여행을 계획하셨다고 들었습니다. 즐거운 항해와 안전한 귀가를 바라며 기도합니다.

진심을 담아,
W. B. 해리슨.

코이트가 알렉산더에게 보낸 편지

1910년 10월 25일
광주

존경하는 알렉산더 박사님께

박사님께서 저희에게 헌금하신 금액 중에서 제가 받은 11,318.28 엔을 어떻게 사용하였는지를 박사님께 알려드리도록 불 선교사께서 말씀하셨습니다. 3천 엔은 프레스턴과 한 조선인이 맡아서 새로운 스테이션의 대지 구입에 사용하였습니다. 저의 집과 윌슨이 벨 선교사께 4천 엔을 빚졌기 때문에, 벨 선교사께 4천 엔을 갚았습니다. 나머지는 소년학교를 위해 썼습니다. 아마도 이 편지가 도착할 때에는 그 학교의 건축이 완성되어 있을 것입니다. 회색 벽돌로 된 멋진 2층 건물입니다. 우리는 기숙사와 여자학교, 주거 건물, 병원을 위한 벽돌을 굽은 일을 한꺼번에 시작합니다. 얼마 전에 박사님께서 저희를 보기 위해 이곳에 오셨을 때에 촬영한 사진 한 장을 동봉합니다.

저희는 박사님과 박사님의 가족 분들께 큰 감사의 빚을 지고 있습니다. 저희는 최일선에서 일하고 있지요. 새 스테이션 근처의 교회에서 300명의 세례 신청자를 심사하고 있습니다. 저는 40

개의 전문분야를 갖는 회의에서 지금 막 돌아왔습니다. 노회의 결정으로 올해 우리는 16명을 안수했고, 소명을 받은 다른 12명에 대하여는 여기의 각 교회들이 급여를 지불할 수 있게 되면 곧 안수할 것을 노회는 허가했습니다. 선천(Syenchun) 교회는 그 교회의 외국인 선교사를 중국으로 파견했습니다. 여기의 장로교회의 국내와 국외의 사역들이 늘어나고 있고 따라서, 예산도 증가하고 있습니다.

이런 사실들은 유익할 뿐만 아니라 믿음을 굳건히 할 수 있습니다. 우리는 지금 전국적으로 훌륭한 선교운동을 벌이고 있는 중이며, 이번 달에는 서울에서 특별한 노력을 들이고 있습니다. 다른 여러 곳들의 사역자들과 포사이드 의사 선생이 서울로 올라갔어요. 한 가지 사항을 알려 드리겠습니다. 저희가 위일리(Wiley) 아저씨 집이라고 부르는 목포의 저희의 집이 거의 완공되어 갑니다. 순전히 돌로 지은 2층짜리 집이죠.

자금을 거의 다 써가고 있기 때문에, 11월 이후부터는 자금이 더 빨리 들어왔으면 합니다. 전주는 절약하면서 우리에게 약간을 빌려주었습니다. 우리는 자금이 들어오는 대로 사역을 신속하게 추진하려 합니다. 프레스턴은 그의 큰 사역을 저에게 맡기고 집으로 곧 돌아갑니다. 2년이 채 되지 않았기 때문에 언어는 아직 어렵습니다. 저희를 위해 기도해 주세요.

저희는 탈마지(Talmage)를 얻게 되어 매우 기쁩니다. 그의 형제와 로이 뉴랜드(Roy Newland)(이 두 사람 모두 위원회에 의해 승인됨.)가 내년 봄에 올 수 있도록 위원회의 배려를 부탁합니다. 이 두 분은 궁극적으로 새로운 스테이션인 광주에서 일하게 될 것입니다. 그들은 언어를 꼭 배워야만 합니다. 현재 상황에서는 일부 전도자들은 돌아보는 교회가 무려 70개나 됩니다.

선교부의 지난번 모임에서 부름을 들은 후에 관심을 가지고 있는 모든 사람에게 우리의 상황을 전달하도록 노력할 것입니다. 미국에서 저희를 지원하는 분들도 저희와 동일하게 중요하다고 또한 생각합니다.

하나님 아버지께서 박사님과 가족들에게 풍성한 축복을 주시기 바랍니다. 우리의 깔끔한 새 집과 아름다운 파란 눈의 아들을 보셨으면 합니다. 우리 가정은 행복합니다. 우리 모두는 건강합니다. 포사이드 부인(Mrs. Forsythe)을 목포 스테이션의 어머니로 보내주십시오.

간절하게 바라고 기도하며,
알. 티. 코이트(Coit).

추신. 캔자스(Kansas City)의 빅거(Miss Biggar) 양이 여기 우리 스테이션에서 같이 일하게 되어 기쁘다는 말을 잊고 하지 않을 뻔했습니다.

1914년 3월 29일
조선, 순천, 조선 남장로교회

존경하는 알렉산더 박사님

박사님께서 따님을 잃었다는 소식을 듣고 저희는 말할 수 없는 슬픔을 느꼈습니다. 저는 박사님의 마음이 얼마나 외롭고, 그 상실감을 어떤 것으로도 채울 수 없다는 것을 압니다. 오직 하나님 아버지만이 우리를 만족하게 하고 위로하실 수 있으며, 하나님은 하나님 아버지의 방식으로 반드시 그렇게 하실 것입니다. 불과 11개월 전에 저의 어린 아들과 딸이 우리보다 먼저 갔고,[3] 오로지 하나님 아버지만이 사람이 하나님 밖에 존재하는 것이 얼마나 불편한지를 아십니다. 그분은 이러한 손실처럼 보이는 것으로 "경건에 이르도록 우리를 연단"하며, 우리 모두가 그렇게 되도록 하십니다. 지금은 저에게는 6개월 전에 태어난 아기가 있습니다. 그 아기를 매우 사랑하며, 하나님의 뜻이라면 오랫동안 저희와 함께하도록 해 주실 것을 기도합니다.

저의 마음에 있는 생각에 대해 쓰고 싶은데, 그것은 박사님께서 짧은 기간 동안 여기에 머무르셨지만 그 필요성을 아실 것입니다. 그것은 조선 소년들이 와서 자신들이 살아갈 길을 만들고 유용한 직업을 배워서 자신과 교회를 부양하도록 하는 농장 학교입니다.

---

3 1913년 그는 어린 두 자녀 딸 로버타와 아들 토마스를 이틀 간격으로 풍토병인 이질로 하늘나라에 보내야 했다.

지금 교회에 있는 조선인들이 경제적으로 자립하고 자립하는 교회를 가질 희망을 저는 포기했습니다. 그 이유는 조선인 거의 모두가 빚을 지고 있고, 그렇게 살아가는 습관을 갖고 있기 때문입니다. 우리가 지금 교육하고 있는 세대를 바라보아야 합니다. 도움을 받지 않고 우리가 세운 학교에 올 수 있는 사람은 극소수이며, 생업을 갖게 하지 않는 원조는 그 조선 소년들만 아니라 다른 소년들에게도 파멸입니다. 산속의 학교처럼 운영되는 학교를 통해 우리는 수백 명의 조선 소년들이 들어와서 자신들의 삶의 방법을 만들게 해야 합니다.

저는 지금 신학교에 있는 사게르(Sager) 씨가 이곳으로 파견되고, 또한 그러한 농장을 시작하는 데 필요한 자금을 얻기 바랍니다. 그러한 학교를 돌볼 남자 분이 있다면, 땅을 사는 초기 비용만 있으면 사실상 바로 자립할 것입니다.

땅과 그것을 돌볼 남자 분이 있다면, 소년들은 들어와서 땅을 경작하고 스스로 쌀과 그들이 먹을 몇 가지 채소들 재배하고 책을 사는 데 필요한 약간의 것들을 팝니다. 대부분의 소년들은 집에서 의복을 구할 수 있지만, 돈이나 쌀이 부족하고 점점 더 부족해지고 있습니다.

일본인들은 그들에게 모든 책을 주고 종종 다른 일까지 돕고 있습니다. 그리고 그들이 집에서 살며 다닐 수 있는 가까운 곳에 학교를 지어 제공합니다. 그러나 우리는 그러한 학교를 가질 수 없으며, 소년들이 저희 학교에 오기 위해서는 집을 떠나야 합니다. 그러므로 그 소년들은 자신이 살아갈 길을 만들거나 돈을 가질 수 있어야 합니다. 만약 우리가 우리 학교에 들어올 여유가 있는 사람들에게 의존한다면, 우리 학교는 텅 비게 될 것입니다.

임시방편으로 저희는 소년들에게 우리의 집들과 건물들 주변에서 일을 하도록 하고 있지만, 그들은 더 나은 농부가 되는 방법을 배우지 않고 단지 밥값을 지불하기에 충분한 돈을 벌기 위해 하루 일과를 하고 있습니다. 학교에 다니는 한 소년을 지원하고 밥값과 책을 지불하는 데 하루에 10원만 있으면 됩니다. 따라서 소년들이 스스로 길을 갈 수 있도록 충분한 땅을 사는 데에는 많은 비용이 들지 않을 것으로 봅니다. 그 후에 매년 동일한 땅을 다른 소년들도 똑같이 전에 하던 소년들처럼 따라합니다.

이 문제를 숙고하시고 함께 기도하여 주시면서, 여기 조선의 교육 문제와 자급자족 문제에 대한 해결책을 함께 해결할 수 있는지 확인의 부탁을 드립니다.

온 가족의 건승을 바라며, 따뜻한 마음으로 위로와 기도를 드립니다.

함께 일하는
P. J. 코이트.

1918년 7월 22일
조선, 순천, 조선 남장로교회

존경하는 알렉산더 박사님

저는 프라트(Pratt) 씨로부터 400달러의 기부에 대한 초안을 받았으며, 다음 내용이 포함되어 있습니다. 스테이션에서 사용할 포드 자동차를 사는 것과 이사할 경우 스테이션의 필요에 사용하는 것입니다. 그는 또한 이 금액 중 100달러 이상을 박사님께서 제공했다고 합니다. 이번에 저는 박사님의 훌륭한 배려와 관대함에 감사드립니다.

여기에는 포드 자동차와 다른 모든 종류의 자동차들이 매우 드물기 때문에 차의 값이 올랐습니다. 나머지 금액이 프라트 씨에게서 올 때, 차를 주문하려고 생각합니다. 그동안에는 먼저 받은 자금을 여기의 재무부서에 맡겨 두었습니다. 하지만 지금은 휘발유가 너무 비싸기 때문에, 전쟁으로 가격이 조금 내려가기 까지는 차를 사용할 수 없습니다. 휘발유는 현재 갤런 당 75~85원에 판매되고 있습니다.

몇 달 전에 저는 인디언 오토바이를 살 기회가 있었습니다. 그 오토바이를 사자마자 군 입대를 하게 된 사람으로부터 구입한 사이드카인데, 차가 언제 나올지 모르기 때문에 임시로 샀습니다. 그것은 저희가 섬기는 교회를 다니는 데에 큰 도움이 되었고, 자동차로 가기 힘든 곳에서도 여전히 큰 도움이 되어왔습니다. 저는 그 오토바이를 저희 선교단체의 다른 분에게 드릴 수도 있고, 프라트 씨가 기금 모금을 하지 않는다면 외부의 누군가에게 팔려고 합니다.

미국에 계신 박사님은 물론 전쟁과 그 전쟁으로 인한 필요에 대해 많은 관심을 갖고 계시겠지요. 그러나 저희가 일하는 세계의 이쪽은 조용하며 방해받지 않고 저희가 일을 할 수 있기에 감사합니다. 물론 모든 소비재의 가격이 폭등하기 때문에 기존 예산으로는 저희가 계획한 사역을 수행이 불가능합니다만, 위원회가 예산을 사정에 맞추어 늘려줄 수 있을 것으로 믿습니다.

외국인 근로자의 급여를 인상한 것처럼 오 박사의 급여도 인상해 줄 것을 위원회에 건의합니다. 오 박사는 세브란스에서 매우 중요한 서비스를 제공하고 있으며 그 병원에서 없어서는 안 될 사람입니다. 얼마 전 그의 아들을 불신자와 결혼시킨 일로 우리 선교회 회원들로부터 많은 비난을 받았습니다. 수년 전에 이루어진 약속에 의한 것 같습니다. 그것에 관하여 오 박사께서 박사님께 편지를 썼을 수도 있습니다.

저희는 지금 여기 조선에서 참호전을 벌이고 있습니다. 보고서는 우리가 지금 느린 진전을 보이고 있으며 매일 새로운 적과 마주하고 있음을 보여줍니다. 우리는 기도의 능력을 믿는 사람들의 끊임없는 기도를 필요로 하고 있습니다. 제칠일안식교는 지금 막 우리의 무지한 일부를 끌어당겨내고 있습니다. 그것의 대부분은 조선인을 사로잡고 있는 생계를 위한 갈등을 증폭시켜서, 조선인에게 다른 생각을 할 겨를을 거의 주지 않는 것입니다.

저희는 포사이드 의사 선생님의 소천 소식을 듣고 놀랐습니다.

최근에 재발한 것에 대해 말씀하지 않아서 그분이 나을 것이라고 생각했기 때문입니다. 그러나 그분이 고통에서 벗어나게 되어서 기쁩니다. 그분이 하신 것과 같이, 하나님에 대해 말한 삶은 거의 없습니다. 그분을 통해 중보기도의 가치를 더 많이 배우게 되기를 바랍니다. 우리를 축복하시는 주님께서 곧 오실 것이며, 주님과 함께 우리보다 먼저 주님의 품으로 가신 사랑하는 분들을 머지않아 만나게 될 것이라고 생각합니다.

하나님 아버지께서 박사님의 일을 풍성하게 축복하시기를 기도합니다.

저희는 최근에 여기에서의 첫 장로를 안수했고, 어제 좋은 조선인 목사님이 순천교회를 섬기도록 임명했습니다. 우리는 여기의 사역이 계속 진행될 것이라고 생각합니다. 그 조선인 목사는 이 지역의 첫 졸업생입니다.

구원의 주를 섬기며,
R. T. 코이트.

원문

William Bull's letters to Dr. A.J.A. Alexander

June 19, 1903
Kunsan, Korea, Asia

Dear Brother,

I wont make any excuse for not writing, but I have been planning to do so for some time, and will not let anything interrupt longer. Sister Mamie has just yesterday read a nice letter from you, and we all enjoyed it together. It was so full of interesting news for us that we could not help enjoying it. We were especially glad to hear that there are prospects for getting a doctor soon. We have only heard the vaguest rumors about Drs. coming out, and nothing definite as to who, when and where. As it is your letter in which you said that you had heard from Dr. Hedges and that you hoped to see him before he left for Korea is the nearest thing to news along those lines but we conclude from that he expects to come soon.

We are in sad need of a doctor here. Mr. Junkin as you know is not strong and needs constant attention. We have just gone through a trying time with him. He had another serious attack of quinsy. It went considerably over the schedule time for bursting, and we thought it must be diphtheria. At one time we thought the ends was near that his throat was cloying up and we didn't know what to do for him. In our extremity we called Dr. Ingold over when she was just up out bed from a spell of sickness. But we fell grateful to the Lord that we have had all the attention that we could expect and have not suffered for the lack of it. It is true that Mr. Junkin lost his little baby but Dr. Ingold was here and did everything that could be done. WE will be so glad for thc Koreans sake to have a doctor here, as we have such distressing cases to come to us nearly every day, and of course it will give the work a big uplift to have work going on among them.

I am getting a little more in to the work all the time and enjoy it accordingly. Am trying to preach regularly, but make a very poor out of it. I miss Mr. Oh very much, but do not regret his going so he does not "eat a big mind" and be of no use to the work when he comes back. I have old teacher "Chang Sepang" and it is like trying to get water out of a dry well to get anything from him. Will make a change as soon as I can better my condition, but they are hard to find. You will probably remember Chang as the man whose wife you attended for a while, and I went down to interpret for you. While I was writing the above, Chang came in. I told him that I was writing to you and he sends his regards.

Mr. Oh writes often to his father and I always get his letters and read them. Find them quite interesting in seeing his impressions of things. In every letter almost, he speaks of "An Wewon" and says that he doesn't think that there are many such in the world, that he has met a true friend, that he will never be able to repay the great debt of gratitude he owes you. In every letter he tell his people not to have any "Kukchung," that he is well fed, well clothed, and has no kukchung himself. He tells them about the wonderful "Kukyengs" he has.

I was pleasantly surprised to get a very "FRAGILE" razor through the mail the other day. I appreciate thoroughly your thinking of me. It seems as if you had not forgotten our conversation on the subject of razors. I was exceedingly glad to get the razor and will think of you every time I see it, not that that is necessary to make me think of you for my thoughts often turn to Ky. and I wonder how you are getting on, what you are doing, etc. We are always glad to get your letters telling about yourself and the things that you are interested in. We want to hear that there is "one" object in which your interest is particularly centered and that it is interesting all around. I think it would be a fine idea for you, when the interest gets to the highest point, to take a trip out here to visit us. Be sure to let us know as soon as anything is on.

Mrs. Harrison is very ill with typhus fever. They have had no ice and we have had to send it over from here. We have not heard from her in the last two days but fell very uneasy about her on account of her poor constitution. The Chun Chu work is growing nicely. Tate has done some fine country work this spring, being out often for several weeks at a time. Harrison has also made a few short trips. Miss Tate is doing a good work among the women. Miss Straeffer here has a class with the women and a little girls' school. Margaret is a member of the faculty in the girls' school and helps Miss S. every day. Mr. Junkin has been going to the country whenever his strength would permit, but he has been sick so much that he has not been out very regularly. Reynold, in Seoul, has been translating and house building. Mack has been hard at work on the language at Mokpo and we have not seen him since you left here. We of course here from him occasionally. Bell has had his hands full looking after the work there. We are expecting to have a little summer outing here next month. Will make this headquarters and go out from here on short trips on the boat, have tennis, pingpong etc. in between times. Tate, Bell and Mack will be here. Miss Straeffer will have some young ladies down from Seoul and Dr. Ingold will come over from Chun Chu. Wish you could be here to help us have a good time. I have been using your tennis racket this spring. Mine went back on me.

I asked you in my last letter what you wished done about your property here, especially the thing that I have been using and have not heard from you on the subject. I have your cooking stove, matting, one rocking chair and sitting room table and rifle. There are the things that I said I would like to buy, but do not know the prices and what you wish done with the money. I have also your road lantern. Please let me know about these things. I have of course your dining room chairs but we have ordered some chairs and a table and will be fixed on the chair question.

As there are several other letters going to you from here about this time I will trust to them to tell you the rest of the news which is not much and cut this short. With best wishes from us all,

Your friend and brother,

W. F. Bull

P.S. Soon after taking this out of the typewriter we rec'd telegram announcing Mrs. Harrison's death. We all feel it sorely.

Aug 10, 1903
Kunsan, Korea, Asia

Dear Brother,

I was almost ashamed to date this letter as it has been so long since I have written and since I have hear from you. I should have at least written the one word "*KOMOPSIMNITA*" long before this. Mrs. Bull has said to me almost everyday "you certainly must write to Dr. Alexander and thank him for his great kindness to us." MY gratitude is not indicated by the length of time that I have taken to express it for Mrs. Bull and I both appreciate your generosity and kindness more than we can begin to tell you. The presents that you made us go a long way toward making us comfortable in our home and will always be a most pleasant reminder of our very true and dear friend Dr. "Aleck." Mrs. B. was carried away with the cooking stove and I tickled to death with the rifle - look out for a "*HORANGIE*" skin - and have taken great pleasure in showing it to everybody. No matter if they have seen it before they had not seen "my rifle."

I have just today received B/L from Steward for our Montgomery Ward order which included dining table and chairs. So if you should come back to see us we will not have to put at a side table. With the big help that your nice presents make we will be far on the road toward getting our house furnished. Our order has been in Korea about two months, but Montgomery Ward sent it to Won San and we have been all this time getting it back.

I am sorry to tell you that Mr. Junkin is sick again. Was up from his last attack for several weeks and then had to go to bed with dysentery. He has been sick now for two or three weeks and in bed for about two weeks. He is in quite a serious condition. We telegraphed for a doctor from Seoul and Dr. Avison reached here today. We were of course delighted to see him. He had a very hard trip. Left Chemulpo Sat. aft. and reached here today (Mond.) was sea sick all the way. We feel quite uneasy about Mr. Junkin and he seems to be especially subject to this trouble. Was once before in bed for six months and this. However we feel grateful that he is now in the hands of a good doctor. Speaking of doctors, we are hopeful now about getting one or two for the work here; but as yet it is only hope for we have not heard positively that even one will come. We have received your letters saying that you hoped they would come, and similar expressions from Dr. Chester, but nothing more definite. We will be glad when we can hear positively that someone is ready to start. With the exception of Mr. Junkin we have all kept well and have not needed medical attention, but there has been lots of sickness among the Koreans, lots at our very doors and the country full of it. They constantly come to us for help, but of course it is very little that we can do for them. I said that we have all kept well - William has been a little unwell for the last few days. The little lady has not had a sick day, sleeps all night without a break and most of the day - but you cannot as yet appreciate to the fullest extent this charming quality. She is getting stronger, fatter and prettier every day.

Bell, Mack, and Tate are with us now taking a little outing and having a good time. They will leave this week. Tate will go back to x x x x x August 17th. I could not finish this last week_ have been so busy, that is my time has been so full, that I have not been able to get "at it" again. Tate left last week, Bell and Mack will leave day-after tomorrow. We will miss them greatly when they leave. We have had a most pleasant and refreshing time. We have had a daily Bible study, supposing to last an hour but we go nearly two hours every morning, each man taking his turn in conducting, and we have had a sermon from someone each after-noon (Sunday). We have had tennis, boating, a bathing (and our Montgomery Ward order has at last come) and a little ping pong. The girls and the visiting brethren have spent the days in reading. I have been so busy that I have only been able to take part in the afternoon sports. We have had some fine tennis. Mack and I are pretty evenly matched and we have it hot at singles - generally got it "six all" on set. We played this aft. and got two each out of four sets. The first set was deuce on about every game and deuce on the set. I have taken the liberty of using your racquet but it has not been injured.

Dr. Avison left Sat for Seoul. Mr. Junkin is still in bed, but is a little better. We are afraid though that he will not be well enough to go to Annual Meeting. This may probably mean the postponing of the Annual Meeting as we would not be willing to leave them here alone. How we wish you could be here to take part in these meetings.

A good work is opening up across the river from here in Chung Chung To. Mack and I made a trip across there yesterday. There are two new places over there with about thirty or forty meeting regularly at each place. There is also a nucleus of a church in the large village in sight from here on the other side of this river. There is one baptized man and two others interested.

Dr. I gold and Miss Tate are up in the mountains out from Seoul taking vacation, Harrison is in China, and Tate is now at Chun Chu alone. Mother and the girls are now making their preparations for going back to America. I can not bear to think of the time for them to go, a big lump gets up in my throat every time I do. However I suppose I should be devoutly thankful that I have had the privilege of having them with us this long - and I am. They all send love to "Dr. Alexander." I hope they may have the pleasure of seeing you in America after they return. If you should ever happen in the neighborhood of Norfolk you must be sure to run in to see them. It would be a great pleasure to them to see a friend that they had made at KUNSAN.

I wish I could write on but must close. The Shirakawa is expected in and I must get this ready to go off on her.

With best love from us all I am,

Your friend and brother,
W. F. Bull

January 27, 1904

Kunsan, Korea, Asia

Dr. A. J.A. Alexander,

Spring Station, Ky. U.S.A.

Dear Brother,

We are busy on examinations for baptism today. I have just finished dinner and while I am waiting for Junkin and the applicants to come back I will try to strike off a line or so to you. I have been trying for some days to get a few minutes in which to write to you, but with the church services, getting the books ready for the auditing comt. and papering our house I have been on quite a rush.

Junkin and I have both been kept busy this winter trying to follow the work here. The work is growing all the time and getting more widely scattered and takes more of our time to get around to it. We have together been across the river in to Chung Chong Do to hold examinations recently and examined forty four and received six. Junkin has recently been out in his field and received a number into the church.

We are still holding the fort alone--that is just the two families here. Until last winter we were not used to anything more than that so did not feel so lonesome. But last winter we had such fine company with you and Mack and Mother and the girls that we have become quite spoiled. As Xmas came near this year I almost dreaded it us thoughts if the fine time that we had last Xmas would constantly come up before me and I would almost become blue thinking that this year would be so tame as compared with last. We did miss you all so intensely, but the day was a very happy one as the Koreans were so greatly interested in their Xmas and in the tree in particular that we forgot our selfish desire to have a "big" Xmas. and entered into theirs and had a fine time. The school boys spoke of you on that day and said, "We ought to have "*An Wewon* and *Pou Moksa's* sisters to help us this year like we did last year. In fact, all of our thoughts were with you. They were so much so that so that I determined to write to you that day but it was so late before we got back from the church that I could not even write to Mother, even though it has been my custom ever since I went away from home to write on that day. We took dinner at the Junkin's Xmas. and while we were at the table we received a large fine mail, "seberal" letters from the U.S. and one from Steward sending bill of lading for goods that Mother and the girls were sending out for us from San Francisco, including some furniture and the wall paper for our house, so we had a big Xmas after all.

Instead of having a very small Xmas, we had two very big ones. The first was on Xmas day, the second was some days after when Junkin received your letter telling us to use some of the things that you left here. It was exceeding kind of you to remember us this way in the disposition of your property here and we appreciate it more than we can begin to tell you and though we do not need any reminders the presents will constantly be such. Though we were exceedingly glad to receive the things that we did we were all sorry that they had to be divided, that is that you were not going to be here to use them yourself. We would rather have "you" than "yours."

I have been writing on this by piece meals for several days, that is a few lines at a time as I found time, I started off by saying that we were engaged on examinations. We examined twelve altogether, Mr. Oh's mother and sister were among this number and stood very good exams

Nearly all of the twelve will receive baptism in the spring, Will baptize three of them right away.

We have been so busy this winter that we have not had much time for hunting, consequently have been out only a very few times; but have gotten right much game on the road to and from our preaching places. There is nothing like the game in the plain just in front of our hill this year like there was last year, but plenty of it in other places. That is there are not many geese and ducks in the rice fields in sight of our houses but if we go across the river or over the hills we can find them. There are more pheasants, tough, on the hills near here than I have ever seen. We have often spoken of you and our hunt last year and wished for you to take some more with us.

We are wondering daily what has become of the Hedges. We have never had a word directly from any of their party since they decided to come to Korea. The only information that we have received has been through you. We have wondered why some of them have not written at least a postal saying that their date for leaving had been changed and that they would leave on such and such a date or that they did not know when they would leave. Junkin has received one postal from the doctor saying "please get my winter wood for me as I expect to leave for Korea on a certain date" This is all that we have heard, no word of change of plans or anything, and we have heard, no word of change of plans or anything, and we have naturally wished for some news from the brother. We suppose though that he will turn up some of these days. We appreciate most heartily your efforts on our behalf and the great interest that you have shown in trying to get a doctor for the work here.

We are of course anxious for a doctor and know that the right man will come along at the right time, but hope that that time will come soon.

We hope that you will be able to find your way to Norfolk and to 285 Freemason St. for I know that it would be a great pleasure for Mother and the girls to meet an old friend of "Kung Mal" and no doubt you will be able to recall many interesting things, such as the Wedding at Quan Moonie's house and the feast which was spread afterward. and return trip from Chun Chu et. --night at *Songidong*.

We have not been able to get up the windmill yet. The cold weather came on soon after it reached here and as there was one part of it that had to be repaired we thought that we might as well wait till spring. We will get a Jap to come down from Chemulpo to put it up for us and hope to go to work on it soon.

We have not started on the road yet either. Those whom we have asked to bid on the bridge have evidently thought that we wanted to put up something like the Brooklyn Bridge, and we have not been able to convince them that we just want something modest, something that we can get across on safely. their prices have been so high that we have not been able to undertake it. We have thought of putting up a bridge with at least stone pillars, but since seeing the prices and seeing how anxious the Koreans are for the bridge we are considering putting up a much cheaper bridge, one that will last for only three or four years. If we put a bridge it will soon become such an important factor in the Korean life that we can then let the bridge take care of itself as the Koreans will not be able to do without it and even if we do not rebuild the Koreans will. They are all crazy for the bridge, but instead of all turning in and seeing how they can help in the matter it seems as if everyone is trying to see how he can get an "eat" out of it. The bridge though we also hope to get some sweet day by and by. I think one of the hardest things that we can have to bear out here is that of having to sit down and wait so for things to work out. In order to Keep the Koreans from cheating the very eyes out of us on the transaction we have to pretend indifference to the whole matter, that is not be in too big a hurry or appear too anxious.

I started this on Wed. and it is now Frid. night. As I leave in the morning for the country I will have to close and get things in shape for going.

With best love from us all, including the kids, I am

Your friend and brother,

W.H. Bull

P.S. It was an afterthought to put in about the trip back from Chun Chu --But since doing so the whole thing has come up before me so vividly that I want to ask you a few questions to see if you remember it. Do you remember our first stopping place and the 쥬인 giving up his room to us. The next morning when we wanted to [start] could not get the coolies to move. --Finally I went around to root them out and found them all gambling. Finally, I went on ahead and you came out and went on the wrong road and got separated from Neal. Again when the coolies all [stack] and went in [the] inn and I had to go back & get them all out with my gun.

Do you remember what a time we had finding Songidong and going in there just about -dark- and do you remember that night trying to sleep on the floor? And the horse I rode keeping up at bombardment all night against the window? And do you remember our lunch the next day at Man Cha San-- and Do you remember getting [...] home and my killing pheasant up on top of a hill -- just before we came in sight of our houses? Do you remember about our getting separated in the plain just in front of our house, and you firing your gun and the joy that all the people experienced when they heard it. And do you remember saying "Mrs. Bull, have you anything to eat in the house. And above all do you remember the one eyed 마부 and our three steeds?

If you don't remember all of these things I will be greatly surprised -- I remembered the "going" as well-- my game (the night in the Korean house & my fear of pneumonia & the covering that was piled on me) -- Notwithstanding the hard time that we had, the thought of it all makes me down right home sick.

Saying Dr. can't you come back and not try to send us someone else --Are you keeping up your medicine, or is your time so fully occupied with yr. business affairs & that you cannot.

[Yours],
W.H.B.

Feb 6, 1904

Kunsan

Dear Bro.,

Have just sent some mail to Mr. Oh at Danville, Ky. Will you write and have it forwarded to him.

With best love from us all,

Yours,

W. F. Bull

March 23, 1904
Kunsan

Dr. AJA Alexander,
Spring Station, Ky. USA

Dear Brother,

I have just come up from prayer at my *Sarang*. I have had a very busy day with my books, have hardly left my desk for my meal. The consequence is that I am quite tired and ready for bed, so I will have to come to the point of this at once and leave out a lot that I would like to say.

The subject is the windmill. We should have had it running by this time, but you know things do not run on very fast time out here. On opening the packages we found a very small but very important part of the mill broken. By the time we got it fixed the winter was on us so we thought that we might as well wait for the spring. The cold weather has held on much longer this year than usual, had snow yesterday. We are ready now to go to work on it and will put it up as soon as we can get a Jap down from Chemulpo. We could possibly do the work ourselves but we thought that we had better pay a man who would do it better than we would and not to take our time from our regular work.

We have had the broken part fixed so that it can be used, but we are afraid that it will not last any time, so if you will get the company to send us another one we will greatly appreciate it. Am sorry to bother you with this, but you can probably get them better than we do.

The part that is broken is the crank at the top of the mill proper. I am an exceedingly poor drawer but will try to give an idea of the piece by an "illustration" which please find enclosed.

Please have the piece sent by express to Smiths' Cash Store San Francisco, Cal. and give Smith instructions to send with first shipment to E. D. Steward & Co. Chemulpo.

We expect to begin work on the wind mill in a very few days now. The annual training class has just been held at Mokpo and our men are just back full of new life. I had to stay on guard here. That is, we didn't like to leave the ladies alone for so long a time.

We are greatly disappointed that Dr. Hedges could not come out. We appreciate most heartily all that you have done for us in trying to get a doctor etc.

Bell is just leaving for home to bring Margaret back with him as Mrs. Bell. Hope you will have a chance to see them before they leave for Korea.

Please excuse the brevity of this but I am so tired that I will have to quit.

With love from us all, I am

Yours in the work,

W. F. Bull

P.S The number on the crank is A 9

Oct 24, 1904

Kunsan, Korea

Dr. A. J. A. Alexander

Spring Station, KY. USA

Dear brother,

If you could have read a letter each time I have had the disposition to write, you would have been swamped with them; but various causes have combined to save you from the affliction. Even now I am writing under considerable difficulties, [viz]-- flat on my back in bed-- Our annual mtg. closed one day and I was taken sick the next with dysentery-. I fortunately held up long enough to get home; but had to be brought up to the house from the boat in a chair. Went straight to bed and have been there ever since. Making twenty seven days and I am not well yet. Dr. Daniel is occupying our guest room and has been taking splendid care of me. He is an A No. 1 doctor & a fine man. Under his care I have improved greatly and expect to be up in a few days now. Have gotten so much stronger that I have been able to sit up a little today. Dr. Forsythe, as I believe Mrs. Bull told you, is to come here after his mother & sister come out, but in the meantime, he is located at Chun Chu. Daniel will eventually go to Chun Chu. We will be exceedingly sorry to give them up as they are such fine people.

When Forsythe came thro' here on his way to Chun Chu, Nolan (who is located at Mokpo) came with him on a trip. All three of the doctors were in my room together several times and I tell you it was a grand sight to see so many doctors after such a long period of waiting. We feel exceedingly grateful to the Lord for sending them to us and to you for the important part you have taken in it. with all our doctors we still miss & long for our doctor - 안의원. Though your stay with us was so short we still feel that you belong to us and are a member of our Mission. Mrs. Bull told you about the transfer of the Junkins to Chun Chu. Of course we hated to see them go and miss them greatly; but we all thought it was better to relieve J. of country work and to live where he would have a chance to exercise his talents in building up a strong local work. Harrison was sent to Kunsan and given the school, the local work, the sec. & Tres work. I was given nearly all of Junkin's country work and all the country work that I have had before. Thus giving me 2 men's work. I had been planning big things in the way of work as soon as I got back from Anl. Mtg. - while the weather is so good etc. and it has been a great disappointment to me to have to be so inactive-- but I've tried to be patient & leave it all with the Lord whose work it is. You see this arrangement gives me no local work at all - all country work, which will keep me on the road the best part of the time and consequently away from home.

I do not know whether your kind letter about the launch has ever been answered or not. Also I am afraid that it was not answered as I would have liked, so will add a line or so on the subject.

All of Junkin's work has been by land and practically all of my work has been by water, so we would naturally have different ideas on the subject of a launch. Our reports are now in the hands of the printer-as soon as we get them I will send you a copy and you can see from my report some of the experiences I had, on the river last year. As I have so much land work this year I will not be able to push the undeveloped river and coast work and think can make out for the present with sampan. But as soon as Earle gets enough of the language to relieve me of Junkin's work, I want to give myself entirely to the word across the river and in the large villages on both sides the river and in the large islands at the mouth of the river & on the coast. I hope this will be soon and when I can do this I would like best in the world to have a little launch and would like to have it built to order - that is with a view to the special needs here. E.g. arrangement for enclosing in winter to protect from weather - also for [sleeping] and storing away loads - I think I could get all this in a very compact space and yet make things very comfortable.

We were pretty please by your remembering us when the new people were coming out. The presents you sent us were beautiful & we were delighted with them. We like all of our new people greatly and with such enforcements we hope for great things.

The bridge is still "suspension bridge" that is it is in the air. After paying duty & freight from Chemulpo down here on windmill, paying for labor (coolies working with us) paying for six [bbls] cement for cementing around foundation of hospital, paying for station donkey.

etc. etc. I still have in hand of the fund you left with me yen 405.00. This is not enough to put up the bridge; but the Mission at this meeting took that matter up with the Ex. Com. asking them to make an appropriation for this purpose.

Mrs. Forsythe & Miss Forsythe are coming out, they will occupy the house that you lived in while here and which we called the hospital. He will build hospital on the Kunsan side of the hill just below the road going around to Junkin's house and just above the well. We are a little short on piping so we will use some of this 405 yen in putting water connection in hospital after it's built. The remaining we will put with the amt. that we hope the Ex. Com. will appropriate for the bridge.

We hope you are planning for a trip out here and that you can come soon. We would all (including the Koreans) be so glad to see you. Well I think I have written enough for a sick man, so will close for the present.

With love, from us all,

Yours in the work,

W. F. Bull

Jan 9, 1905

Kunsan

SOUTHERN PRESBYTEIRAN MISSION In Korea

Dear Brother,

We are right in the midst of our Mission Training class and I am up to my eyes in work but want to ask you a question, which I will appreciate greatly if you will give me a little of your valuable time for an answer. I have a Japanese pony that I use on my itinerating trips and he is a good one but has mange quite badly. I thought that possibly there might be someone in your place that could tell me how to cure him. His skin, under the hair, is quite scaly like a large amount of dandruff. From time to time the hair comes off in spots, sometimes very small and sometimes very large, all over his body and he seems to suffer greatly from itching.

Please excuse haste. We are all well and very busy. Mrs. B & all join in love.

I hope you read the letter I wrote to you while I was in the country shot while ago.

W. F. Bull

Dec 7, 1905
Se Chun, Korea

Dr. A.J.A. Alexander

Spring Station, Ky. U.S.A.

Dear Bro. --

Earle and I are now on a preaching trip and are out at one of our country churches. We have been going out from here each day with our helpers and some of the local Christians and preaching and distributing tracts in the villages in reach from here. It is raining today so we are kept at home and I'll take advantage of the opportunity and write the letter to you that I have been trying for many days to find time to write.

I have appreciated greatly the letters you have written to me, especially the one written on your "honeymoon," and have enjoyed them all greatly.

Our Station is now running under full steam - or almost so. We are each in our own line. Daniel is having clinics every afternoon and working on language. Mr.[Eonte] is studying on the language and is beginning to take part in the evangelistic work. Harrison has charge of the school and the churches in Chulla. I have the local church, which has recently been enlarged, and the country work in Chung Cheng Do. I am just back from an evangelistic trip, went 300 li north, preaching at the markets, country seats and villages along the way. Was out about four weeks - Went home for a week and a half and this trip will be for two weeks. Just before this east trip I took my family over to Chun Chu for a little visit to the Junkins. This was Mrs. Bull's first trip to Chun Ju and I took pleasure in pointing out the places of interest along the way, especially the places connected with our memorable trip, such as the inns where we slept etc. The Junkins are in Harrison's house and we had the rooms that you and I occupied and this was the first time that I had been there since you and "Mack" & I were there, so I naturally thought of you often while on this trip - Saw so many things to remind me of you. I went down to Dr. Forsythe's dispensary and thought of when we went down to see it together when Dr. Ingold was in charge. The inn in which we took refuge from the snow storm - the fork in the road where we lost you and "Neal" all brought up thoughts of you. I have referred to this trip once before in one of my letters but this was the first time since we were there together that I have seen these places.

I was pleased to see how the work is progressing in Chun Ju. Forsythe is just swamped in the medical worked and Junkin is more than swamped in the local evangelistic work. The work throughout our whole field, and in fact the whole country is most encouraging. New places of meeting are spanning up so fast we can't supply them with leaders and our biggest *"kuk cheyeng"* (걱정) is to look after the places that are calling for instruction. Well the bridge into Kunsan has actually materialized and is now complete. It is 110 ft long. The road is as yet untouched but the [Kamne] promises to make the Korean people build the road right away. We can now go into Kunsan by the bridge but at the time of the big tides (twice a month) the road is muddy. The wind mill is working nicely and keeps the tank full. The broken piece was fixed but broke again so we finally had to use the new piece you sent out. Quan Moonie is still with us. So is his mother. His father is my evangelistic helper. Your old boy Pong Quoney is Dr. Daniel's house boy. The local Xtians that you knew are practically all here and a few more new ones have come in.

I want to tell you something that will probably interest you. Do you remember Mr. & Mrs You (유서방) who lived in the Korean house at the foot of the hill below your house on the Kunsan side? You may remember that they had a little girl that could not speak above a whisper and they came to you for some 약 (yak) for her. You gave her the medicine but told me that you didn't think she'd ever be able to speak ordinarily loud. She can now talk as well as any one. Sometime ago I was talking to her mother about her voice. She said "Don't you know that 안의원 gave her some 약 just as he was leaving and told her to continue taking it for some time. Well, she took it for a little while and soon her voice came to her as good as any body's. It was all by the grace of God and 안의원. If he didn't do anything else but restore our little girls' voice his coming to Korea was not in vain. I think the Lord must have sent him to restore her voice. We will never forget 안의원" This little girl was about 5 or 6 yrs. old.

Well, I'd like to write on as there is so much to tell about the work here. WM send his love and wonders (?) how the mustache that he discovered once upon a time is thriving.

Mrs. Bull and all the rest of our Station join in love to you and yours.

Yours in the Work

W. F. Bull

부목사

Apr 11, 1906
Kunsan, Korea, Asia

Dear Bro.,

The heading of this letter is not exactly correct as I am away from home at present writing; but as that is "headquarters" I'll let it go at that. I am now over in Choong Chung Do conducting a training class. Have been away from home about two weeks and will be about two more weeks before I get back. I recd. a nice letter from you a few days before leaving home but was so busy then that I could not find time to answer then. My helpers are helping in the teaching and I have an hour off now while they are teaching so will take the opportunity to thank you for your kindness in taking the trouble to find out and write me about the treatment of mange. It was very kind of you and I appreciate your taking the trouble. I have had up and downs with my horse. He is about the size of a small American horse, is very strong and has a fine gait but but with mange and rupture I have bad a time with him. He was ruptured on one side only. I sent him to Seoul and had a Jap. vet. to repair the rupture and have gotten the mange under control and now have a fine horse. (Daniel came from Chun Ju to Kungmal in 4 hours and 45 mins on him) but am on the anxious bench about him fearing that rupture will occur on the other side.

I believe I wrote you that the bridge into Kunsan was actually up and that hundreds & hundreds of people are passing over it every day. The "big road" has been turned from its original course and now comes right by Kung Mal and we are preparing to put a book room right on the road to catch the passers by.

When I left Kungmal Dr. Daniel had just finished his dispensary and was ready to move in. He has been living in your house and holding clinic in one of the rooms in the school building & the Koreans have had to wait outside in all kinds of weather. He was tickled to death to get in better quarters. He has certainly worked under great disadvantage but is now getting in good fix. I am anxious to get back and see him actually at work in his new quarters.

The windmill was running and pumping up water when I left. Just before I left a lumber shed (where we have lumber stacked to build hospital) caught on fire and having water near in kitchen was a big help toward putting it out. The school building also caught on fire and was put out by the help of the windmill water supply.

We, at our station, are more than busy, each having enough work for several people. The work in my field is just running away with us. Six months ago there were only four meeting places in my field in Choong Chung Do. Now there are fourteen and we have calls from a number of new places for leaders. The higher, or official class which have been almost untouched for so long are now coming into the church in large numbers. The condition seems to be the same all over the country, [viz] a great awakening of interest in the church. Join us in the prayer that these may come with sincere motives to learn the Savior.

I have just been "astonishing the natives" with some long distance target shooting with the rifle you gave me. At "recess" the church brethren asked me to give them a 구경 of the rifle's shooting powers. They opened their eyes wide and will have something to talk about and no doubt embellish, for some time. I have gotten very ambitious for a tiger recently on one of my trips last fall. I flushed up a big lot of pheasants along the side of the road. They went up on the side of a high mountain and I followed them to get another shot. I got two of them on the flush. The mountain side was a dense thicket and my dog got separated from me and was attacked by a tiger and nearly killed. The tiger got away with but my getting a shot at him. I had to get a coolie to take the dog in his "chikie" to our next stopping place. I was back there last month and put in a couple of days hunting for the tiger but found only tracts. Found lots of tracts in the snow but couldn't get a sight of the tigers. I haven't given up hope at it and am counting on your rifle to do the work.

Well I must close for the present. If I am in the country, you will have to excuse pencil.

With love from us all,

Yours in the work,

W. F. Bull

July 10, 1906
Kunsan, Korea

Dr. A.J.A. Alexander,

Spring Station, Ky. U.S.A.

Dear friend & Bro.

I have just returned with my family from Quang Ju where we went to attend Anl. Mtg. We stayed over and had a delightful visit of three weeks with Margaret and Bell. I received your nice letter while I was there am sorry to hear that you have not been getting as many Korean letters as you'd like. As I feel guilty along this line, I can't make excuses for others - I was glad to hear such good reports of Mr. Oh. It is gratifying to us all, and especially his family, to hear that he is doing well. He is bright enough and over greatest hope is that he will develop in spirituality and interested in the Lord's work - not that he is not so, but that he might not lose it but increase.

You asked about the bridge into Kunsan. It is a wooden bridge but nice and broad, with nice railings. It is substantially made and we hope will last a long time. It is 100 feet long. It was made by Japanese carpenters and they made such a nice job of it that it would look well in America or anywhere. Hope someday to get a picture of it for you. We got the Jap Consul in Kunsan to put up half the cost of the bridge. We had this agreement that we and the Japs would put up the bridge if the Korean *Kamney* would make the Korean people put the road. He (the *Kamney*) agreed to this but for first one excuse and another the road has not been touched yet but we have promises. The total cost of the bridge was 830 yen. I said we paid for only half of it, the Japs paying the other half.

After paying for the bridge, the donkey, putting up the windmill etc. we now have a little over 300 yen left of the money you left with me. We are holding this back to put in water piping in the hospital when it is finished. You know the hospital has not been built yet. only the dispensary, which is a nice large one. Dr. Daniel is highly pleased with it. He has made all his plans to go to work on the hospital at once. I am sending you some pictures which I hope will bring up pleasant recollections of your sojourn here. Speaking of pleasures - picture No 1 ought to cause fond recollections to arise. I do not know whether you will recognize an old friend or not but this is the old school teacher and your language teacher - old man Yang. Even tho' you don't remember him you will no doubt remember the delightful hours you spent on 아 야 가 갸 etc. Have you forgotten your Korean? I find myself constantly wanting to use a Korean word in my letters but wonder if on account of your short stay here you will not have forgotten it all - even the alphabet.

Picture 2, you will recognize as Junkin's house. That is Harrison on the porch and Junkin's ex-house boy Pong Yunie standing in the yard close to the house.

Picture 3 is yr. humble servant's house and part of his family, Mrs

Bull was sick and couldn't be in the picture. The big (?) boy is your old friend, wm. The one to my left is Va. and little Margaret is between the two but as she moved only white [blue] represents her. The two Korean women are our servants. Earle wanted specially to get a picture of this corner of our yard as at that time it was a mass of glory with beautiful roses in bloom. Notice the high stalk in the right of the pictures soon after this it was one mass of beautiful roses right to the top. I have taken great pleasure in fixing up my yard and have succeeded in making it quite pretty. To the left of our front door you will see something that is an improvement. This is a letter box. The Jap postman comes out and collects and delivers mail everyday.

No. 4 is picture of our hill from the south. This is the road that we went out when we went to Chun Ju. I have numbered the houses on the back of the picture. This house that stood out in the front of the picture and before which you see a group of Koreans is a 쥬막 (inn) which has been built since the bridge was put up and was put there to catch the large crowd that passes there now.

Picture 5 you will recognize as 궁말 with the church in the square inclosure, out in the front of the village. This is the same little church in which you worshipped while here and in which you helped to fix the first Xmas tree that they ever had.

Picture 6 is the "walk around the hill." That which looks like a Korean house is just a shed where the hospital timber is stacked. This is on the level space just back of your house - in fact in the back yard you can see also the walk going down to the boat.

Pictures seven is Mr. Earle, mounted on his little donkey. Mr. Earle has since sold the donkey in order to get a horse. I am sorry to say that while we were at Qwang Ju my nice horse dropped dead. He was one of the greatest comforts and pleasures I have had since I have been in Korea. He was such a nice traveler and as so much of my time is spent on the road his death is a great loss to me, as it will be hard to find another with such a gait. I had cured him of rupture & mange and bad really, gotten a fine horse, but such is life.

I have already written such a volume I will "ring off"

Mrs Bull and kids send love,

Yours in the work

W. F. Bull

P.S. Our furlough begins 1st May 1907 so hope to see you soon. You asked how I am off for dogs now. I have Bess, the one Junkin used to have and one of his pups who is a daisy.

Jan 4, 1907

Kunsan, In Korea

SOUTHERN PRESBYTERIAN MISSION

Dear Friend & Bro. -

Herewith a copy of our Station report (written by Miss Kestler) for last quarter. Wish it were a long personal letter--but hope you will be none the less interested.

Love from us all,

Yours in the Work

W.F. Bull

Please send report to Mr. Oh after you finish with them.

July 9, 1907
216 Frederick St. Staunton

Dear Doctor,

I have been back in the world a little over two weeks now, and have been intending to write ever since I "landed" but have had so much on hand that I have found it hard to write. We came up here Sat. to spend the summer with my wife's family--so this will be headquarters for the hot weather.

Was sorry I couldn't get to Asheville but had just landed and Libbie, to say nothing of myself, was quite tired and our little baby was sick. He is much better now. We are delighted that things look so bright for Korea on reinforcements.

Mrs. Bull & kids join in love for you and yours

Yours in the work
W.F. Bull

We are sending you a pair of Korean socks & a little bag made & sent by the Oh girls -- also a letter which you'll have to get Mr. Oh to translate. The letter was opened by one of our kids when we were not looking.

Aug 9, 1907

216 Frederick St. Staunton, Va.

Dr. A.J.A. Alexander,

Spring Station, Ky.

My dear Friend and Brother,

Your nice and highly appreciated letter was received some time ago and should have received an answer sooner, especially as you extended such a kind invitation to visit you in your home. This was indeed kind of you and Mrs. B. and I both appreciated it from the depth of our hearts and the only thing that we regretted about it was that we could not accept. We were greatly tempted and if it were possible we certainly would have accepted, as I do not know of anything that were would like more than to visit you. I hope, though, to be able to drop in you some time while I am in America, even though I should have to go alone. From fall on I hope to visit some of the churches and will try to arrange my itinerary so that it will be convenient to stop off at your place. Pensacola, Fla. St. Louis and Pine Bluff, Ark. are interested in our support and when we visit these churches Mrs. B. will probably go along and it may be that we can arrange it so that we can look in on you as we go by. Mrs. B. has just come in the room and says; "Give Dr. A. my love and tell him that I certainly do appreciate his inviting me and the babies." We appreciate the fact that it is not always convenient to have guests and that one should always accept an invitation for the time that it is given. But as it would be genuine pleasure for us to see you again we want it possible to arrange to do so. We will try to keep in touch with you and try to make our plans fit in with your convenience.

I decided that I would just take things easy during the summer and not do any talking until fall, but I have found it almost impossible to say "no" and the result has been that I have spoken every Sunday, but one, since I have been here and sometimes twice and on WEd. night. Am on for twice this coming Sunday.

We have just yesterday finished a three days' horse show and the way that I enjoyed it was a caution. I am a perfect crank on horse flesh and was right in my element. Had some fine exhibits and(you needn't tell the Comt.) some fine races, but I didn't win anything.

They have been having interesting times in political circles in Korea lately, haven't they? I have been very indignant over the bosh in the papers about Korea's entering voluntarily into the treaty with Japan, and the Emperor's treachery etc. and the only consolation is that nothing happens by chance and that He rules over all.

Mrs. B. has just come in again and says that I ought to explain to you that the cause of our not being able to accept you invitation as yet is that our little baby has not been well and we did not like to take him on a trip until he gets better. He has been troubled with his teeth and other complications but we think he is on the mend now. If we should see our way clear to go the latter part of this month or in Sept. How would it suit you?

Must close for the present. With best for you and yours from me and mine I am.

Yours cordially

W. F. Bull

November 20, 1907
285 Freemason St. Norfolk, VA

My Dear Friend & Bro.,

I haven't heard from you for such an age that I am afraid you have forgotten a fellow of Kunsan acquaintance. I wrote to you while in Staunton, doing the summer, but never heard from you. Thought that maybe my letter went astray or that if it didn't that possible your answer did. At any rate I am not going to stand in ceremonies and am going to drop you a line just to let you know that we haven't forgotten you and "love you in the same old way." I have at hand a letter partly written, dated Nov. 7th, but in the confusion and rush getting ready for [Mamie]'s wedding I never found opportunity to finish and I am beginning all over again today.

We came down here from Staunton about five weeks ago and are here for the winter. I am enjoying, of course, being with my people again. We are just beginning to get news from the mtg. Haven't received printed report and minutes of meeting yet. Things look very bright for the work in Korea - so much so that the Mission felt justified in taking steps toward the immediate reopening of Mokpo.

We had an interesting conference of business men at our church last night. F.H. Brown was with us. By the way, was it simply a suggestion on your part, as something that you thought it would be nice to do, when you suggested that name "Linnie Davis Harrison

Memorial Hospital", or was it a request from you that it so be? Please let me know as soon as you can as I have special reason for wanting to know.

Our little baby has been sick for about five months now and the doctors seem baffled to get at his trouble and Mrs. Bull will is about worn out with constant care and anxiety.

How are you and yours these days? Have you given up medicine? I suppose your business, managing your estate takes up your time to such an extent that you do not have any time to think of your profession.

Mrs. Bull and I would like to have a good picture of you if you can spare us one. We enjoyed your friendship so much while you were with us at Kung Mal that we'd like to keep it fresh in memory. If you should pass this way at any time be sure to drop in to see us. William has grown to be such a big boy if doubt if you would recognize him. He and the other kids except the little baby are all well and lively.

Mother and Libbie join in best wishes.
Your in the Master's service,
W.F. Bull

Mamie is off on a trip with her beloved.

December 11, 1907
285 Freemason St. Norfolk, Va.

Dear Dr. Alexander,

Your of 7th inst. was recd. a few days ago and highly appreciated. Was glad to hear from you again after so long a times.

The reason that I wanted to know about the naming of the hospital was because it was done after I left there--and it was a surprise to me when I saw the name and was afraid that it had been done without consulting you. But as you were consulted and are satisfied I am satisfied and think it is very well named.

You asked why the Kunsan station was divided. The truth of the business is that it was a grand mistake ever to have decided to put our houses out at 궁말(do you recognize it?) and this is simply an effort to repair the mistake as far as possible. As you know there is only a small village at Kung Mal and quite a large Korean population in and around the port. Having some of the (our) houses in there puts port of the station right among the largest Korean population in our Kunsan field and will give the married ladies chance for work among women, visiting in their houses etc. We are building up a large church in the ort and it will be more convenient to the minister who has charge of this work to be right there among the people. The truth is that our whole station ought to be there. The objection to separating the station that you speak of was so great that it almost stood in the way of building the new houses in the port, but if we get one more minister and a school teacher that will give us a pretty good community at each place. Then too since we have the bridge and road that you built that makes the separation much less than it would have been there too. I suppose that of course we will have phone connection between the houses. You said that those in sight are "the Clark, Mr. Stevens, Messrs McCutchen, Miss Buckland, Miss Martin, and Miss Watkins." Does the underscored mean that there are two Mr. McCutchens going out, or was it a slip of the typewriter? How many of these are actually under appointment for Korea? How many and who are going out as teachers and who among the single ladies are trained nurses. If you can find time to answer these questions I'd appreciate your trouble. Miss Louise Sheldon of our church here in Norfolk has volunteered to go to Korea, and her father is going to provide outfit, traveling expenses to field and salary. She wants to go with us when we go back.

In regard to the advisability of opening another station: The only question in <u>my mind</u> is whether the church is going to enable the Comt. to support it and provide for the needs of the fields that we are responsible for outside of Korea. There is no question of the fact that it would be fine to have another station and that we have a place for one, at Chun Ju, between Mokpo and Massanpo and that the church is abundantly able to give us this station and ought to do so and also give the other missions what they are asking for too. There is an opinion in our Mission that we ought not to ask for too much and thus take from China and the other fields which are even greater than ours. But my position has always been that we ought to ask for all we can get and let the other missions put their needs before the church and bustle to raise them and I believe in view of the great awakening in the Laymen's Movement that we and they can get all that we will ask for. I believe that in view of the great day of opportunity that exists now in Korea that we ought to do all we can to take the country for Christ while it seems ready to be taken.

I am not surprised that you have no time for the practice of medicine. You certainly have your hands more than full-- in fact enough for two or three men.

I am looking for the picture you said you would send. Don't forget it.

Well, I'll take pity on you and cut this already long letter short. Wish love form us all for you and your, I am,

Yours in the Work,
W. H. Bull

It was certainly kind of you to repeat your invitation to visit you and I assure you that it would give us great delight if we can find it possible.

April 23, 1908

216 Frederick St. [Staunton], Va.

My Dear Friend and Bro.

This is just to say that I reached home OK and found wife and children well, except Mrs. B. feeling rather miserable with a cold.

Well, Sir, I certainly, did even joy my little visit with you and am only sorry that I was in such a fidget to get home that I couldn't stay longer. But Mrs. B. was (or is) feeling so poorly that it is good that I did.

I want to thank you and through you, the rest of your household for your kindness to me while with you.

Mrs. Bull enjoyed hearing about your charming little lady and your changing big boy. I wish she could have seen them as she is so interested in everything that concerns you.

Please let me know about the bell as soon as you hear. I have written to Atkinson telling him the prospects.

With love to all,

Your buddy,

"Billy" Bull

June 2, 1908
216 E. Frederick St. Staunton, Va.

My Dear Friend & Bro,

Yours of 28th, last, just to hand and I am trying to show my appreciation by answering quite suddenly. Tho' I had quite a number of important letters to write this morning I am giving your first place.

What a blessed religion is the Gospel or our blessed Master. I once heard one of our Seminary professors speaking of the Bible and our religion. He said that if you analyze the soul or nature of man and lay all of its minute parts out before you, then go to the Bible and you will find there everything to suit its every need. On our joys this is true; but [how] strikingly true is it in our sorrow. What a blessing and what a wonderful religion it is that gives us joy even in our sorrows, so that we sorrow not as those who have no hope. There was something peculiarly pathetic about your brother Scott in his affliction, and though only meeting him as a passing visitor in your home, I felt peculiarly drawn to him - felt a down right affection for him and a wish that I could know him better and do something for him to get close to him. But the loving Master has done more for him than we could possibly do. He has taken him to Himself and into His presence and love. According to the way Paul looked at things, Scott is better off than we are - looking at it from a selfish point of view. When I think of this for myself I find myself also "in a strait betwixt two." The desire to stay and work for Him on earth and the desire to be with Him.

I am of course delighted about the church bell, and will write at once to Mr. Dey expressing our appreciation - I also want to thank you personally for the interest and trouble you have taken about it. You are a friend to count on - a friend indeed, I shall write to Mr. Atkinson as you suggest.

I took my family and ran over to Christiansburg, last week to see Mrs. Junkin, who had just arrived from Korea. She is a brave, [true] little woman. She was quite tired from her long trip but is beaming up beautifully under her sorrow.

We have engaged passage on SS Korea, sailing from San Francisco July 23 and are now planning definitely to leave at that time - We are eager to get off and get back to the great harvesting that is going on there. Wish we were going to take you back with us.

With love from me and mine to you and yours

Yours fondly,
"Billy Bull"

I am afraid that I will not be able to be with you in Lexington. My time is getting so short and I have so much to do in getting ready to go to that I am afraid I'll not be able to make any more trips.

The latest news from the field is that they are "reconsidering again" and are thinking of building the new houses at 국말 rather than in the port. This would make the telephones less of a necessity, but would be very useful as time saves into the port, as well as among ourselves at the station. However, I am writing to Atkinson suggesting that he help us to get a new boat. Our station boat has been a stolen since I have been in America and, so roar as I know, the Station has not taken any steps, nor has any funds, to get another. You once suggested a launch for our station. The station decided that on account of the high winds and strong currents that possibly the launch would not be as safe as an ordinary Japanese sampan. I have conceived the idea of getting a small motor engine and installing it in an ordinary Jap. Sampan, equipped with sails is well, so that when the batteries give out on us - or something else goes wrong with the engine - we can boost sails. I am going to suggest to Atkinson that he help us out on this.

Dec 29, 1908
Kunsan, Korea, Asia

Dr. A. J. A. Alexander
Spring Station, Ky. U.S.A.

My Dear Friend and Brother,

Your failure to hear from me before this is not due to the fact that you have not been often in my thoughts, nor that I have not had the disposition to write. For I assure you that the very opposite is true and I must confess that I am ashamed that I haven't made time for a letter, notwithstanding the fact that I have been simply swamped in the multitude of things that have demanded my time and attention since I have been back from furlough. I am especially ashamed that I haven't written sooner on account of the nice church bell that has been ringing out from our hill over the surrounding plains for several weeks now. The bell is an excellent one - nice tone- and the Koreans are delighted with it. I am sending a letter of thanks, with translation - from the church here to Mr. Dey. Would send it direct but do not know his address so will ask you to forward it to him.

You can see from the date that we just passed Christmas. We had a fine time as usual. I never go down to the church to decorate the Christmas tree that I do not think of you. You helped us decorate the first Xmas tree that we ever had here and every time now that

I go down for that purpose I think of you and "Mack" and the girls (Margaret & Mamie).

Mr. Williams (missionary editor) is with us now and he has become very much interested in two of Daniel's medical students. Chur Aik Kai(죄익기) and Yo Chai(요지). You will probably remember them as two of the school boys while you were here. They are exceedingly anxious to go to America to study medicine and have had several conferences with Mr. Williams and he is very much interested in them and would like to see them go. We had a station meeting last night and decided unanimously to recommend them as being worthy of help. the Sunday afternoon that I was with you, while we were speaking of Dr. Oh, you asked if we had another boy that we could recommend, and I understood from what you said that you would be willing to provide the financial boarding if we had the man. We feel that we can recommend either of these young men to you and that if your financial affairs are in such shape as to make it possible for you to do that these are such promising young men that we would be justified in doing what we can to help them.

Mr. Williams says he feels sure that he can assume the responsibility for one. He expects to take him in his home as house boy, send him to night school for a time while they are getting more English then later get position as office boy or while not studying to help out on expenses.

I was instructed by the station, on the strength of what you said to me while I was with you, to write and lay the matter before you and ask if you would like to provide the necessary financial help for one of them. They are both very bright boys. Yo Chai is unusually bright and fully the equal of Dr. Oh in brightness. We feel that if they can go that the sooner they go the better. Mr. Williams is going to take the matter up as soon as he gets home and if it is possible for him to do so he is going to write for him to come at once. Please let us know whether you will be able to undertake this or not.

The work continues to run away with us. We can not keep up with it, and all of us have more than our hands, head and heart full.

Mrs. Bull and kids all join in love - Dr. Oh is located at Mokpo until another doctor comes out for that station. He is here now to spend Xmas with his family.

Will have to close for the present. With kindest regards for your family.

Your friend & bro,
W. F. Bull

May 14, 1910
Pyengyang, Korea

My Dear Dr. Alex,

I have just heard from Mrs. Bull saying that she had mailed a picture of our nice little new dispensary to you. This dispensary is built in the port and is the child of Dr. Oh's zeal. We have always felt that it would be well to have a dispensary in Kunsan, but in account of the extra work that it would give the doctor we have not brought up the subject. But Dr. Oh felt the need so strongly and even tho' it was to [double] his work he urged the Mission to put up the building there. We did so and he has since then been [holding] daily clinic in the port in the afternoon after having held clinic at Kung Mal. The Kung Mal clinic have not decreased on account of the Kunsan clinic, but the Kunsan has about come up to the Kungmal in number of patients attending.

It was also Dr. Oh's suggestion that the dispensary be named as a memorial to your mother. It is needless to say that the suggestion was readily seconded by the rest of us and the name adopted.

I am very much ashamed of myself that I have not written to you since I heard of your great sorrow in the loss of your mother. I have fully intended writing but an account of stress of work have put it off from day to day until it just went undone. The work is simply swamping us. There were three of us at the station (i.e.- evangelistic men) [viz], Earle, Harrison and myself and even with the three there we were rushed with work but when Harrison was transferred to Mokpo, Earle and I were [svawel] under. I am up here now making a pass at teaching in the Seminary. Have a fine lot of men, about 134 in number, very much in earnest and quite bright and capable. I suppose the station secretaries have written to your aunt telling how each station proposed using its share of her gift of $10,000. The little school building that Mr. Junkin put up at Kung Mal has long since proved inadequate for our needs so we prepare to use our part toward getting a modern, up-to-date academy building. We have succeeded in getting a fine site and I have, just since I have been up here, secured a college [(Korean)] graduate for teacher for our boy's school. So we are hoping to go ahead and do something more for our boys and young men than we have so far. Venable is an A. No. 1 man for the school and will soon be able to do very effective work in the school.

I suppose your boy is getting to be quite a big man by now. I often think of my pleasant little visit in your home.

Please remember me kindly to your wife.

Yours in the work,
W. F. Bull

Personal Reports of William Bull

1902 - 1903
Personal Report of W. F. Bull.

As I understand it, the object of the personal report is to give an account of what work has been done by the writer during the past year. With me the past year has been one" of blessing received rather than blessings conferred.

At the last Annual Meeting, When given the work of secretary and treasurer nod charge of the local work only, while not questioning the wisdom of the Mission in doing so, that is in restricting me in my sphere of work, I was somewhat sorry, as I bad hoped to do some work in the country. On returning home. I received a letter which made me glad that I was directed to stay at home. The letter referred to was the one that brought the joyous news that my mother and sisters were coming out to make us a visit. I was glad that I could be at home, and enjoy their visit almost un-brokenly.

Then another little visitor, but none the less welcome came to our home; and altogether, our past year has been one brimming over with joy, except when we have sorrowed with. our friends who have passed through the deep waters.

As for the actual mission work that I have done I have very little of interest to report. My sphere of labor has been narrow and my work the same from one week to another. I have had the regular rounds of the regular services each week in the local church.

I have had each Sunday a Bible class for men at 10 o'clock and conducted the church services at eleven, making a feeble attempt to preach. On Sunday night I have had a class for women, and have conducted the regular Wednesday night services. During most of the school session I had a singing class with the school boys. But after several months of work I came to the conclusion that it was a hopeless task to teach Koreans to sing the American tunes, so gave up the undertaking. As long as the class lasted I tried to teach them the meaning of the hymns and to give them practical talks.

The school boys showed decidedly more adaptability to American athletics than to American music; probably because their instructor was better fitted for these accomplishments.

Until Miss Straeffer came and took up her abode in our gymnasium we had lots of fun and good exercise every afternoon. In the athletics I tried to teach them to play fair, to tell the truth and not to fight, but an occasional "scrap" would arise, and I do not know but that I was glad to see a little spirit among them.

I am sorry that I can report only a very little spiritual or numerical growth in the local church. We have had a few additions, fewer cases of discipline and more applicants for baptism. Two out of eleven received.

While the work has made no marked progress, it is now in a hopeful condition and with God's blessing on faithful work can be developed. There are numbers who attend very regularly and seem to be in earnest. The average attendance at the Kung Mal church has been between forty and fifty.

In March we enjoyed greatly having the foreigo and native brethren with us for the study class, and I hope they received great blessings from the meeting. I enjoyed having a class in geography at this time.

At last Annual Meeting the work that was assigned to me as my first and chief was language study. Up to the time that Mr. Oh left for America I was putting in good work with him. Since he left I have not been able to spend much time with my teacher, outside of preparation for classes and the church services, but have studied Korean daily, not with books, but from the Koreans, and hope I have made progress since last Annual Meeting.

I have tried to be as courteous and considerate to the Koreans as possible. Have sold a few books, distributed many tracts, and talked personally to many.

In the early spring I had the great pleasure of accompanying Brother Junkin on trips to Man Chi San, Nam Chai Moon, Songedong and Sung Mal and taking a part in the examination of applicants for baptism and seeing a goodly number added to the church.

Though we have no immediate need for larger quarters we took advantage of a good opportunity to enlarge our lot and bought a piece of ground to the rear and side of the church. We bought this on the faith that the time is coming, and we hope soon, when we will need it, and will have to pull down our walls and build larger.

I have made one trip in company with Brother McCutchent and our Korean evangelist across the river into Chung Chung Do to Se Chun Magistracy where a work is opening up. We went in unexpectedly on the congregation and found about forty assembled for service. This work is the result of the labors of one of the members from Man Chi Sam church who moved over here to live. When he went there was not a single Christian any where wear him. He has at least been faithful in teaching, as those whom we have examined from there have stood remarkably good examinations.: This brother referred to is himself a good student and is teaching faithfully. When he first moved to that province he came to me and said that he was going there and that he would be removed largely from all church advantages, being across the river and twenty li inland. It would be difficult for him to attend services regularly at Kung Mal, so even though the times were hard he must have the Christian News and the Wul Po (moothly lessons in the O. T.) and asked me to order them for him.

There is another meeting point twenty li from Se Chun at Han San where between fifteen and thirty are meeting. They have wade arrangements by which the two congregations, women and all, come over in a body to Kung Mal to services. On these occasions our congregations are considerably swelled and our church well filled.

The brother from Se Chun has been over several times recently urging one of us to go over there. They had bought and paid for a church building and received the deed and the people in the village were trying to prevent their occurping it. They said that their village was a Buddhist village and did not want any other doctrine there, also that the Christians were buying for foreigners and that this was illegal. Mr. Junkin was sick at that time and unable to go so after consultation I made the trip referred to. After church service we went to see the new church. It is situated in a large and beautiful village high up on the side of a hill. Still higher, largerand imposing, for Korea, is a Buddhist monastery. There are several large, tiled buildings in the compound, a wall inclosing them, large double gates with the Korean flag painted at the entrance. This monastery is now deserted. We sent around in the village for those who are opposing the Christian worship, but none were to be found. Finally oue very polite and seemingly respectable old man came up and we questioned him as to the objections on the part of the villagers to the purchase. He insisted that there was no objection and said that only a few who were ignorant of the doctrine were objecting. The brethren with me took the occasion to give him a good lot of the gospel truths to take away with him. We hope that their prejudice will soon be overcome and that those who are now opposing will become zealous advocates for the church.

In going to Se Chun we took boat and went across to Shinapo, a large village of one hundred and sixty houses, in sight from our house. In this village we have a baptized family, a man and wife and child whose membership is at Kung Mal. He had just left for Han San to teach the Sundan School there. We were also told that an old man and his grandson had just left to attend services at Kuog Mal. We wailed for the coolies to get their breakfast here and then started out. We had gone only a short distance before we were overtaken by a nicely dressed, and of nice address, middle aged Korean, a resident of Shinapo and an attendant at Chil San, sixty li from there, and an applicant for baptism. Chil San is in the field worked by Mr. Steadman and now at long intervals visited by Mr. Fenwick. It has been a year and a half since he has been there.

As for the future my first great desire is to secure a good teacher and put in some good work on the language. The man I have now is better than none at all, but it is very disheartening to try to study with bim. I have labored in vain to get something from him that I have gotten from our house boy in a few minutes.

The next work that I desire to do is to make friends with more of the people in our immediate village, and then from there to take in all the villages in sight from our place and try to reach some of the people there. There are large villages on both sides of the river, reached easily by boat, in which comparatively little work has been done. I hope that after the rice crop has been gotten in that we can put in some good work in these villages and work be started there.

Respectfully submitted,
W. F. BULL.

1904

Personal Report of W. F. Bull.

The past year has been one filled with almost all of the varied experiences incidental to missionary work-the comical, the sad and the joyful, and it is almost hard to tell which has predominated; the encouraging or the is discouraging. But for the ever-present, and firm conviction that nothing happens without the Lord's, knowledge and that He is far more interested in the work than we, the discouraging would probably be the greater.

I have had the oversight of four regular meeting places and my plan has been to visit these places in rotation, preaching at each place one Sunday in each month. This plan has been carried out with some regularity but more irregularity The irregularity has been due to the fact that all the places, except the local church, can only be reached bở boat; thus depending on tides and winds.

Again this year in the local church I can report very little progress and much discouragement. Early in the year the members made an agreement to go out two and two every Sunday afternoon preaching. They kept this up for a little while but it finally died out. There have been only a few additions and practically no increase in the attendance. Several members have had to be disciplined, one memher for drinking and Sabbath violation, another for dishonesty in money matters. One of the oldest and most trusted members in the local church had practically gone back to heathenism. He attended church only at very long intervals. One Sunday afternoon I went to look him up and to see why he was not at church that day. Much to my sorrow I found him out at work weeding the rice fields. He has since then professed repentance and has begin regular attendance again. I hope his motives are sincere. Another member who used to be a prominent man in the church became interested in buying rice fields for the Japanese and interested in his religion. He was arrested and imprisoned at Chun Chu.

The church at Se Chun has hardly held its own. The old quarrel with the Buddhists in regard to the location of the church building which has dragged over three Bears has still been kept alive. This church is composed mostly of butchers. It seems as if a drag net was put out and only butchers hauled in; but that none of them escaped, Brother Junkin and I when conducting examinations there found the usual question: "What is your occupation," a very embarrassing one, that is to the candidate, but to us it soon became amusing as we generally knew from the heightening color and the embarrassed manner what the answer would be. The church building has been repaired and fitted and is now quite a nice place. Last year the average attendance was about fifty, but many disappointed in getting the worldly gain for which they were hoping dropped off. The attendance here was also decreased by several who had been very regular separating and establishing a place of worship at Po Seng Tai, in Piin County on the coast. From these and other causes the congregation has decreased from fifty to about twenty-five. Since these have held on while others have deserted,

I hope it is an indication that they will be faithful to the end. Only three adults and one infant were baptized here last year and fifteen received as catechumens. Some of the catechumens have had to be dropped from the roll, some for non-attendance and several for using the name of the church in extorting money-going into a village at night with guns and saying that they had come in the name of the church We made it known to the magistrate that we had no interest in them and he then proceeded to make them sorry for their folly. The church at Se Chun has labored under very difficult circumstances. Being established by a butches and for a long time inceting in his house it was, and is, looked on with contempt and avoided by all. This has been the chief cause why the church there has been opposed so by Yang Bans (the gentlemen, or higher class).

The church at Moon Hak Kol has about held its own in numbers. While several have fallen off their places have been filled by new men. The work here seems to be the most encouraging of the several groups under my charge. They have an average attendance of about forty and the people seem wide awake and in earnest. They have bought and fitted up a nice large building, situated high up on the hill with nice large yard and spreading shade trees. They keep the place clean and neat and it is quite a pleasure to visit there. But here, as elsewhere, the devil has been hard at work. Out of the twenty-five examined, two men and one young widow were baptized. After enjoying for several months the confidence of the church one of the two baptized men ran off with the only baptized woman in the congregation, leaving behind a wife and several children and the woman. leaving a little girl. The last news from them was that they were running a wine shop.

The work in the held formerly occupied by Mr. Steadman has forced itself on my attention. They have had practically no oversight and the work has suffered severely, a large number going absolutely back to heathenism and the remaining split up into several factions. They made repeated and urgent requests by letter and in person that we receive them into our church and that we come up and take charge of the work. We have not received them into our church; but I have made occasional visits there trying to keep some of the scattering ends together. The people still hope for Mr. Steadman's return and he writes as if he will probably come. I have told the people that I would simply visit the work from time to time trying to hold it together until Mr. Steadman returns.

At the beginning of the year I felt sorely the need of a helper, for two kinds of work. First to stay in my sarang (guest quarters, and preach to all who came and the other kind of work was to go with me on my trips and visit the country, groups. Without employing any one as a regular helper both these needs have been very satisfactorily. met. The old blind man that used to be with Mr. Steadman came to me after Mr. Steadman's location in Japan. His simple, sincere, faith and earnestness, and in spite of his affliction, his, ever bright and happy disposition, would make him a blessing to any community. He is eminently a man of prayer and we believe a spiritual power in the work. While in the eyes of all he has been simply an object of charity he has filled the position of sarang helper most admirably, and very few have come to the gate or sarang and gone away without some word from him. I have several times suggested an outing for him that would take him away from the gate, but he has each time replied that he could not go as some one might come to the gate and get away without hearing the Gospel. I have often come into the sarang without his knowing it and found him praying with or preaching to some one who had come in. I once went down and found him entreating to repentance one wlio had been baptized but had apostatized and become about the worst character in the village. His earnestness and spiritual joy are an example to us all.

I have had also an excellent, even though self installed, helper for the country work. Without salary or remuneration of any kind, except a little help on his traveling expenses, our house-boy's father and our Amah's(nurse) husband has accompanied me on nearly all of my trips and has been a great comfort to me. In fact on the few trips that I have taken without him I have missed him sorely. He has been invaluable to me in my work among the churches and I have felt free to call on him for any service. But he has been especially valuable and faithful in preaching to the heathen. He very rarely lets an opportunity for this pass. It is never necessary to call his attention to the fact that here or there is an opportunity to preach I have had a number of testimonies to his faithful work from those who were being examined for baptism and also from Christians of long standing. Through him I have sold a large number of books and distributed many tracts. On the way to and from our country groups. We have preached to large crowds and together have made several trips for the purpose of preaching to the heathen. He has spent most of his time on the road.

We have found the magic lantern a great help in preaching and have used it on a number of occasions, drawing large crowds who have heard the Word preached with earnestness. On each occasion after the preaching, large numbers of tracts were given away and some books sold. We have had the lantern at a very unpropitious time, viz, the hottest part of the summer but Brother Reynolds has kindly consented to our keeping it a little longer, so we are planning an extended trip with it just after Annual Meeting.

For the first half of the school session I took much interest and pleasure in a geography class with the larger boys, but for lack of time had to give it up. The Secretary and Treasurer's work has taken much of my time that I would have enjoyed giving to other work. The only consolation that I have had in giving my time to this was the thought that if it were not taking my time it would be taking some one else's. At Po Seng Tai, in Piin county, on the coast, there is a new work started with a regular attendance of fourteen..I have not visited this place yet but it has been visited quite-regularly by one of the Korean brethren. This is about thirty li(10 miles) beyond Se Chun, or about fifty li (17 miles) from the river.

In the latter part of August I made a trip up to Kat Kai and Sai Oul. As I passed along the road my attention was called to large piles of stones in front of each village, also to a large number of bamboos sharpened at the end and stacked up for spears. It was reported the soldiers were going to be draughted to take part in the fight with the Japanese against the Russians, and these were preparations to defend themselves against coercion into service and to kill those who came to take them.

The whole country side was thoroughly excited and mass meetings were being held everywhere. The men were afraid to sleep in their houses so took to the hills and spent the nights there. On Sunday a mass-meeting of all the villages was held at the Magistracy to protest against being forced into service and threatened violence to any who came into the villages on this business. After service on this day a man came in with a letter from Piin saying that Kim Chi Manie, and six other Christians had been arrested, bound and beaten, and requesting that I hasten to relieve them from the persecution. It afterwards proved that they were not the innocent lambs that they tried to make themselves out to be. The so-called church there tried to collect by force an honest debt from a bad character and he had excited the people against them and sent a mob to arrest them.

I expect to continue along the same lines as I have worked this year but sincerely hope to be relieved of the Secretary and Treasurer's work so as to devote more time directly to the work and especially for work among the heathen. While the work of the past year has not been all that I could have wished I am not discouraged and hope for better things to come.

1905

PERSONAL REPORT OF W. F. BULL.

On the whole, this past year has been the most satisfactory, and hence the happiest, I have spent in Korea, because I have felt that at last I was actually in the active work in the thick of the fight. Of course there have. been some discouragements and disappointments, but on the whole the year has been exceedingly encouraging. The encouragement has been, so far, chiefly the large increase in attendance throughout the whole field, e.g. At one of the places that I have visited the first time I went, there after last Annual Meeting there were only eight. including boys, present on the men's side and five on the women's, The last time I went there, which was just before coming up to Seoul, the church was packed and there were forty three who could not get in, sitting on mats out in the yard. There were about one hundred and thirty present that day. The past year bus truly been one of great opportunities, and while we have not made the most of them we have put in some good work.

I have kept my helper and the churches' evangelist constantly in the field, and have myself been out with them a good part of the time since I have been well. Have enjoyed, and appreciated, having the assistance of Brothers Harrison and Earle in most of the examinations that I have conducted, and have enjoyed the good company and valuable assistance of Brother Earle on a number of evangelistic trips. In the spring we visited most of the groups in the field assigned to me, spending several days at each place. Making the church our headquarters we would work out from there. Starting out each morning, after prayers with our helpers and the local Christians, we would take our lunch with us and not get back until nearly supper time. Going out with our helpers and several of the local Christians we would preach to groups and individuals along the road, at the inns, in the fields and in the villages. We have been greatly pleased and encouraged to see how rendy the people were, and are, to hear the Word. We found men every where who seemed simply waiting for an invitation to come to church. The field is indeed white to the harvest, and it seems that all that is necessary is to put in the sickle of faith and works, well sharpened with prayer, and a great ingathering will be the result.

Of course we all know that these large numbers that seem to be pressing into the Kingdom are not doing so because they are hungering for the "Bread of Life," but because they are seeking a place of refuge from the troubled times. In our field there have been a number of reasons which have led the Koreans to seek the church. There have, as heretofore, been troubles among themselves such as debts, disputes over grave sites, etc , but the chief cause has been the unsettled state of the country, due to the war.

While we have have no faith in the professed religion that brings them to the church, we believe that in coming, listening to and studying the Word, many of them will "learn the truth and that the truth will make them free." Like the lame man at the Temple gate they ask for one thing and get something infinitely better. So let us hope and pray.

One trip of the year stands out prominently among the pleasures of the year. This was the overland trip to. Kwangju in company with Brother Earle and our two. helpers. Our objects were, to see our new Station, to see something of the country, a. d to do some preaching and distribute lots of tracts along the way. We proceeded very leisurely, stopping wherever we could get an audience, and often riding off from the road into the fields, hills or villages to reach those, in sight. On this trip we gave away between three and four thousand tracts, sold be. tween three and four hundred calendars and a few books. We expected to pass through lots of untouched territory but all the way to Chang-seng Pass we were finding signs of Brother Tate-his big foot-prints were every where. We also found some scattering ones, here and there, of Brother McCutchen. As soon as we crossed over this pass we bagan finding tracks of our friends at Kwangju, which got thicker and thicker as we approached that city. One of the first men that we approached after passing over into Chang-seng said that he had already decided to become a Christian and had given his word to Mr. Bell's helper.

We were delightfully surprised to find, instead of passing through a lot of untouched territory, that there is already a chain of churches established all the way from Kunsan to Kwangju, though the links are much longer than we would like to see.

One of the most encouraging works connected with our Station is that at Wonkol in Chung Cheng Do. This is a new place added this year, though many of the Christians there are of six and seven years standing. They have recently built a nice new church, and their zeal and labors have been most admirable. Those who were able contributed liberally of their means, and those who could not contribute financially came and gave days of hard work in erecting the buildings and preparing the site, which was cut out of the side of a hill. In July we examined fifty one applicants for baptism. This is only about half of those who attend there. One of those examined was the wife of a yangban who lived in that village. She came up to the church one day for a "sightseeing" and stood out side of the door to the woman's side. She became interested in what she heard and came back next Sunday, and came in and took a seat. She decided to become a Christian in spite of her husband's positive prohibition. He was full of yangban pride and told her that if she wanted to be a Christian she'd have to leave his house. Though she had no place to ĝo she decided that she'd rather give up her home than her new found faith, so left. The Christians gave her a little room connected with the house, in which the sexton of the church lives and also, as they were able, brought provisions for her. Her husband, impressed by her earnestness and the kindness of the Christians, finally relented and told her that she could come back home, but that she need not expect him to become a Christian. This woman is always in her place and seems quite happy in her religion.

The church at Nom Cha Moon has held its place as the largest in our field and has continued to grow encouragingly. Some of the members there have been quite active in evangelistic work.

The church at Sut Chul (Moon Hak Kol) has also continued to grow in numbers and in grace. The leader (unofficial) who was guilty of receiving a fee for taking part in a law suit has brought forth fruit meet for repentance, selling his house, garden plot and hill-land to pay back the money he had received. He not only paid back the debts that we knew about but went back and settled up a lot of old scores of which we were ignorant. He has since then taken off his coat and gone to work like an ordinary farm hand, trying to make an honest living.. The church at Sechun has still simply struggled for an existence. Being the "butcher church," from a human stand point, it is impossible to expect it to ever grow except as the butcher tribe increases. On one occasion I visited the Sechun market with my helpers for the purpose of preaching and distributing tracts and saw some of those who are attending the church there behind an array of butchered dogs. I understood then as never before the obstacles in the way of the growth of the church there. While the attendance has not increased to any great extent, those attending have been very faithful in studying and a number of them were received into the church this year.

The church at Piin, as I believe is the case with most of the work in Korea, did not start under very favorable circumstances, but gives promise of being a very good work. Has grown both in members and grace, especially. the latter, during the past year. For the coming year I hope. to give the best part of my time to the country work.

1906

PERSONAL REPORTS OF KUNSAN STATION.
REV. W. F. BULL.

As I look back over the past months since. Annual Meeting, I am constrained to begin my report with "Praise God from whom all blessings flow," as the months have been so full of blessings. First:-Temporally and physically our lives have been full to overflowing: The Lord has blessed us with good health most of the time and we have been practically free from all worldly care and anxiety and have been able to give our entire time and strength to the active work as never before, hence the year has been the fullest and most satisfactory of all I have spent in Korea. It has been the greatest joy to see the work prosper and the Kingdom going forward. The Holy Spirit has been at work in Chung Cheng Province and in the local church and what seems to be an awakening has been going on and goodly numbers have begun attending church. Fight months ago there were only six meeting places in the field assigned to me and there are now eighteen.

Returning from Annual Meeting on October 3 I was at home until the tenth when I left for Chunju with my family and had a delightful visit of ten days with the good friends there. Returning on the nineteenth I spent the twentieth and left on the twentyfirst for a short trip to Wang Kol, coming back on the twenty third. I spent five days at home and then started off for a month's trip into new territory. I had our cook along with me to look after the little donkey that was loaded down with my cot, bedding and a month's supply of food. I had my helper and the churches' evangelist along, as the preaching force, and a pack coolie, heavily loaded with books and tracts. We crossed over the river into Chung Cheng Province and proceeded leisurely northward through the magistracies lying along the coast. We made only short stages, ten, twelve and fifteen miles a day, preaching at the villages, inns, market places and to individuals along the way. We made a special effort to follow up the markets, where we had large audiences and sold a good number of books. We made the magistracies our stopping places and at each of these also we had good audiences. We found the country in a very ready condition and people every where who seemed simply waiting for an invitation to come into the church and as never be. fore ready to buy books and to listen to the preached Word. We found the country full of groups of unbelievers meeting in the name of the Y. M. C. A. and desiring to be officially connected with the church but not to be Christians. We had also a larger number of inquirers to seek us than ever before. It was not necessary to go out to seek an audience. All that we had to do was to stay quietly in our room at the inns and we would have a constant succession of inquirers coming to us. We often could not get the rest we needed on account of the large number of inquirers. On one occasion, after we had put out the light and retired for the night, we had three young men, of prominent families of the official class, to come to our room door and asked that if we were not asleep to let them come in, that they had heard that we were there and that they came from a neighboring village, three miles away, to inquire about the Gospel. We got up, made a light and talked to them until quite late. They seemed much interested and when they left bought some books. On this trip we reached Tang Jin, three hundred li (about one hundred miles) directly, north of Kunsan. On our return trip we went further inland and came down through a different lot of counties, visiting on our way the warm springs at Tek San. I returned from this trip on November 23rd and was at home until December 2nd engaged in the local work. On December 2nd I left home again, making a round of the established groups to conduct examinations for baptism. On this trip I had the pleasure of Mr. Earle's company and his assistance in the work. We had our helpers with us and preached along the way as we went from place to place. I returned from this trip on December 12th and was engaged with the local work until January 1st when we began with the Mission Training Class. I took much pleasure in teaching in this class and had Old Testament History with the Juniors and the Gospel of John with the Middle Class.

As soon as the Training Class was over I made a short trip with Mr. Earle into Chung Cheng Province to purchase a pine grove for use in buildings to be erected at the Station.

On January 30th I began the first term of my sentence in the school and served until February 9th when the Station Training Class began. I was then relieved of the school by Mr. Harrison and from that time until February 23rd I was engaged in the Training Class and in the local church work. I had planned to leave for a country trip on the

24th but was delayed for a few days by a slight attack of grip. It was just about this time when a number of our village people, who had previously held aloof from the church, had a meeting and decided that they, that is the entire village, would come into the church. While a good number of the village people declined to follow their lead, there were a number who began coming to church from the following Sunday and have been comparatively regular in attendance since and we hope and pray that they may be saved.

On March 1st I left home for another round of the churches and visited a number of new groups for the first time. I was out for two weeks on this trip and was greatly encouraged by finding a still greater increase in the church. This was specially so among the higher classes, and in many cases among the very highest. One group has been meeting in the home of an ex-member of the King's Cabinet, and a large number of prominent men of the official class have expressed an interest in the church. The prefect of Imchen county has attended church at Wang Kol and on his request and the request of a number of others living at the county seat, we have established a meeting place there. For want of a suit. able room in which to meet they have been meeting in one of the government buildings but were planning to. get a church building at once.

From March 12th to the 30th I spent at home serving out my second term in the school and in looking after local work. On March the 31st I left home for another month's trip holding training classes, conducting examinations for baptism, and visiting some remote points that I had been unable to visit before. It was on this trip that I met such an interesting old couple that I feel I would be justified in taking the time and space to tell about them. While we were at a place called Mot Umnai, up in the mountains from Kunsan, an old, one eyed man came into our room at the inn and introduced himself to me and then turned to my helper, Mr. Kim, and said to him :-"Don't you remember me?" He replied :-"I can't say that I do." The old man then said : "Don't you remember, four years ago, when you were on your way to Seoul, you met me on the big road over here and gave me a tract and as we walked along together you talked to me about the Gospel? Well, I went home and read that tract over and thought about what you had said and I thought that that was just the thing I wanted. I told my old wife about it and she became even more interested than I and together we have longed to hear more. Well, sometime after that I met a Christ ian merchant from down your way and asked him to bring me some books the next time he came. He promised me he'd do so and sure enough the next time he came he brought me some little books, and my old wife and I have been studying them night and day ever since, but secretly for fear of persecution. But there were so many things that we have longed for someone to teach us. I heard that you were here and came over to see you. My old woman wanted to come too, but she's old and couldn't well come." We were leaving that day for another point about ten miles away, and though my helper was to walk all the way with a heavy pack of books on his back, he volunteered to go by way of the old man's house to read and explain the Bible to them. When Mr. Kim joined us again that night he was radiant with joy over his visit to this old man's home. He said that the old lady gave him a most cordial welcome and as he read and explained the Bible to them that they listened with. the intensest interest and that as he read about Christ's death and sufferings on the cross for our sins the tears were running down the old lady's cheeks. When he left, they thanked him for coming, and urged him not to forget them and to send them a Bible (then out of print) by the very first opportunity. Is not this the work of the Holy Spirit and is not the Gospel a gospel of power? Returning home from this trip on April the 27th I was at home until May the 7th when I left to hold examinations at some of the groups. I examined 108, received 9 for baptism, and 40 as catechumens, making 253 examined since Annual Meeting, 27 received for baptism and 143 for the catchumenate. Some of the groups were not ready for examinations and I have not been able to get around to some of the groups which were, so these figures do not fully represent the actual condition of the field.

The field assigned to me is most promising and with faithful work it seems as if it will hear a plentiful harvest. There are a number of large islands along the coast which we have been unable to touch as yet. One of these, An Myen Do, is said to be 27 miles long and as wide. Mr. Earle and I are planning to do some work among these this summer when it will be too hot to do -Work on land. I have appreciated and enjoy greatly having Mr. Earle's assistance in my work and am delighted at the prospects of having him more closely associated with me during the coming year.

Letters of Southern Presbyterian missionaries to Dr. A.J.A. Alexander

Eugene Bell's

Feb 18, 1904
Mokpo

My dear Dr. Alexander,

I know you will be glad to hear (if you have not already heard it) that I expect to be married to Miss Margaret Bull at Norfolk in May. Am planning to sail on the Empress of China from Yokohama Apr. 8th, arriving at Vancouver Apr. 20th.

My primary object in coming home is to get married, but a close second is to get some of the reinforcements we so much need. Our work has just come to that pass where we must have some help. We must have at least one doctor & one evangelist for Mokpo Station, (or rather the station to be opened in the interior from here) this year, besides what they want at Kunsan and Chunju -- I will be getting home a little late to see the Seminary students, so would like for you to hall me along that line -- See if you cannot put me in touch with some good men as soon as I arrive, men who will at least consider an appeal.

I am still working on Forsythe and have not give up all hope tho'
I have not heard from him for a long time. But I hope that his mother
may be induced to come when she hears that Mrs. Preston's mother
is coming out to this station.

I do not know when my engagement is to be announced, so until
it is, I shall ask you to consider my plan confidential.

Would appreciate a letter from you at Vancouver on my arrival -
Address
Care Canadian Pacific Railway Co.
Vancouver, B. C.
Mark envelope "Expected to arrive Empress China Apr. 20th"

Hoping that you will assist me in these plans & with kind regards
to each member of your family, I am

Very Sincerely Yours,
Eugene Bell

We do not expect war to interrupt our work at all.

April 21, 1904
[Northern Pacific] En route North Coast Limited

My dear Dr. Alexander,

I am glad to be able to address you on this side of the water, and as I hope soon to see you and have a good talk I will confine this letter to business.

I shipped to you at Louisville Ky. yesterday from Vancouver the two boxes I rec'd from Mr. Junkin and brought over with me. I enclose herewith one copy of the consular invoice and bill of lading. The other copy of invoice I left with the freight Agt. of the C.P.R. at Vancouver. It was impossible to me to pass them through the customs without being delayed 24 hours so I bounded them through to you at Louisville and this fact was what necessitated my shipping them to Louisville instead of Spring Station. I prepaid freight to Louisville $9.62. Other charges from Korea to Vancouver including transfers [TC.] at Vancouver $3.50 making a total of $13.12 to Louisville. Of course there will be no duty on them but my train left Vancouver 9:05 AM and the custom officer was not on duty that early in the morning.

You probably already now that I expect to be married to Miss Margaret Bull about May 12th. We both hope you can arrange to be present, especially as we are indebted to you for our introduction to each other. Do you recall that?

I expect to reach home about Tuesday next and hope soon to see you when I can tell you all about the work and workers in Korea. I have special instructions to work for reinforcements for our Korea mission and hope you can direct me to some good men. Mr. Junkin & all the Korea mission sent regards & asked to be remembered to you.

Very sincerely yours,
Eugene Bell

P.S. I also gave the freight Agt. C.P.R. your P.O. address.

April 27, 1904

Scott's Station, Ky

Dear Dr. Alexander,

I am mailing you B.L. in separate envelope for your boxes.

This is a hurried note to go in the mail now due to close to ask you if you cannot honor me by going to Norfolk to be my "best man" on May 10th, 5PM at a church wedding. You remember you introduced us and you should follow up your good beginning. Besides it will be a great pleasure to have your presence and assist us at that time. Hoping it will be possible for you to do so and with kind regards to your family.

Sincerely yours,

Eugene Bell

Please let me hear by return mail. EB

May 2nd, 1904
Scotts' Sta., Ky.

Dear Dr. Alexander,

Your note was received and I am very glad over the prospect of having you help me off in Norfolk on the tenth. Write me on which train to expect you and I will meet you. Address me at 285 Freemason Street, Norfolk. Of course if you find it is impossible for you to come you will telegraph me. I am willing to leave it that way.

Hope to hear definitely that all four doctors can go to Korea. We need them [badly].

I leave on Tuesday or Wed. for Norfolk. Hoping to see you soon, I am.

Very Sincerely Yours

Eugene Bell

May 23, 1904
Asheville, N. C.

Dear Dr. Alexander,

Mrs. Bell and I expect to reach home at Scott's Sta. on Wed. of this week. I am anxious to know if we are to succeed in having the proposed conference in Louisville on Thursday. I have not had time to hear from any of the men to whom I wrote except Reavis, whose reply I enclose. Please send me a card to Scotts' Sta. [to me] there on Wed. & if necessary we can have a telephone chat. I expect to be at home all Wed. afternoon.

We have had a delightful trip and a pleasant week with the church here that supports me. They gave last year to Foreign Mission $1333 & $2035 to Home mission.

Mrs. Bell joins me in kind regards to you & we hope to see you soon. It was a great pleasure to us both to have you with us on the eventful occasions and your kindness and interest in us will not soon be forgotten.

Hope you reached home safely and found your mother improving in strength. Please remember me to her.

Hoping to see you soon,
Very Sincerely Your,
Eugene Bell

June 10, 1904
Nashville, Tenn.

Dear Dr. Alexander,

Mrs. Bell and I expect to return to Kentucky on Monday or Tuesday of next week and any time after Sunday the 19th, will be ready to accept your invitation to come to see you. Let us know when it will suit you. Have seen Mr. Oh, Dr. Nolan, Stuart Moffett and the Ex. Com. and want to talk over matters with you. But will put it off till I see you.

Mrs. Bell joins me in kind regards and best wishes,

Very Sincerely Yours,
Eugene Bell

June 14, 1904
Scott's Sta.

Dear Alexander,

You may be surprised to hear that I am at home for month. Family are now in Va. Hope to see you before I return about August 1st. Please send me Mr. Oh's address. Give my best regards to your mother, wife & all your family. Please excuse brevity. I send card rather than postpone writing.

Hastily Yours,
Eugene Bell

June 17, 1904
Scott's Station, Ky.

Dear Dr. Alexander,

I received your note last night. Mrs. Bell and I will be very glad to come up on Monday and stay over till Tuesday when we plan to go in to Lexington to see some friends. We will come up on the Southern and get off at Midway at eleven' o'clock AM. The C. & O. would not stop at Spring Station, I presume, and I thought Midway would be more convenient for you to meet us, and it will suit us to come at that time.

I had a nice letter form Dr. Daniel yesterday. He says he can start by the middle of August so I hope we can all sail together. Have also had a recent note from Forsythe, but he said practically nothing. Was disappointed that he was not more definite and positive by this time. I want to see him in Lexington and hope will settle the matter and begin his preparations to go with us.

Mrs. Bell joins me in kind regards. Hoping to see you on Monday, I am.

Very Sincerely yours,
Eugene Bell

Nov 6, 1903
Chunju, Korea

Dear Dr. Alexander,

I have been a long time indeed answering our kind letter. This has not been from a lack of appreciation but from the pressure of other duties since I got back to Korea Oct. 6th and received your letter with many others at Chemulpo.

It is indeed a great loss we are called upon to sustain and the wisdom of it is [unsearchable] but we have the consolation that His death all things well. I thank you for your payer. I have been greatly comforted "Cast down but not forsaken." The Koreans have shown many signs of unfeigned sorrow. Under all circumstances she was their true friend.

It was a great privilege to be with her as I was and I am sure I am much the better for it. Your little visit was quite a pleasure to us. Sorry it could not be longer.

When you returned home you to found a place in the family circle vacant. You had our sympathy. You have [illegible] yet.

As I think of the faithful ones who have gone to their reward I often pray "Oh Lord to we me many grace be given to follow in truth train."

You are very much missed at Kunsan. You could be of great service there but may be you would be of more service elsewhere.

Thanking you again.

I am,

Yours in His service,

W. B. Harrison

Mar 13, 1904
Mokpo, Korea

Dear Dr. Alexander,

Your much-appreciated note of Dec. 21st came to hand in due time. It was very kind of you to write to me.

Tho for a number of years I had not seen much of my father his brothers and the thought of him among the familiar scenes of our home meant a great deal to me. I feel now as if I had entered upon a new era. But you know all about this better than I can tell you.

I am glad to say that I have been comforted and blessed in my afflictions. As children of a loving Father we ought to rejoice in all He does. It will be a glorious day when the mysteries are all revealed and it will be no effort to say "Thy will be done."

Junkins, Tate, Bell, Owen and I have been holding the training classes. there were 75 present and their conduct was good. The work is very promising in our territory. We are paring that the war will not interfere with it. Thus for us have seen very little of the war and how much we shall see will depend upon whether the Japs are driven south or not. We get the news rather slowly. You probably get it sooner that we. We are impressed with the idea that we ought to be reinforced and our going to try to press the matter.

Thanks giving you again for your kind letter. I am

Yours in like affliction,

W. B. Harrison

Mar 5, 1905

Dr. A.J.A. Alexander

My dear Friend,

Your wedding invitation which you so kindly remembered to send is to hand and I hasten to express my congratulations.

This is more than a formula of speech with me for I believe in marriage under proper circumstances. I have no doubt that all the circumstances in your case are proper.

May you have many years of happy wedded life and as much as you love your bride now, love her more every day.

I believe that the best wish I can make for you is that your wife may prove such a help mate and such a joy and a delight as mine was while God spared her to me.

I have heard that you have planned a bridal trip to Europe. I wish for you a pleasant voyage and a safe return home.

Sincerely, your fiend,

W. B. Harrison

October 25, 1910
Kwangju

My dear Dr. Alexander,

Mr. Bull has asked me tell you what I have done with 11,318.28 yen which he has sent me out of your money. Three thousand of this went for land at the New Station which Preston and a Korean are now buying. Four thousand I paid to Bell for amount due him on my house and Wilson's balance, and the rest goes of has gone to the Boy's School, which by the way will be done by the time this letter reaches you. It is a handsome building of gray brick, two stories. We begin work at once on the dormitory and burning brick for Girls's school, hospital and new residence. Enclose you a cut of Station take some time ago, which you could one over and see us.

We owe you and others of your family a debt of great gratitude. We are trying to hold up our end of the line. Preston out now examining 300 applicants for baptism in a church near the new station. I am just back from a meeting where we had forty professions. At Presbytery this year we ordained sixteen and gave Presbytery permission to ordain the other twelve as soon as they had calls and the native church could pay their salary. The Syenchun Ch. has sent out a foreign missionary of their own to China. The Home and Foreign work of our native Presbyterian Ch. is growing and a larger budget than ever already paid in.

These facts may be of use and strengthen faith. We are now in the midst of a great campaign all over the country, special efforts in Seoul this month. Workers from everywhere there, Dr. Forsythe has gone up. I will send you an announcement sheet. Our home for Uncle Wiley as we call him is nearing completion in Mokpo, a substantial rock two story house.

I trust the funds will come in faster after November as we are close run now. Chunju loaned us some so as to keep any from lying idle. We are pushing ahead just as fast as funds come in. Preston soon goes home leaving his great field on my hands. With not two years of language as yet it comes hard. Remember us in prayer. We are so glad to get Talmage. See that the Committee sends his brother and Roy Newland (both of whom are accepted by the Committee) just as soon as they can come next Spring. Both come to Kwangju for the New Station eventually. They need to hit this language. As matters now stand some of the evangelists have seventy churches to oversee.

I will try to get out the call the Mission made at its last meeting into the hand of all who may hear and heed. We here will not forget the equally important work of those of you who hold up the home end of the line.

May God richly bless you and yours. Wish you could see our neat new home and our beautiful blue-eyed boy. We are a happy family. All of us in good health. Send Mrs. Forsythe on out to mother Mokpo Station.

With best wishes and prayer,

R. T. Coit

Neglected to say we were glad to have Miss Biggar of Kansas City here in our station.

April 29, 1914

Soonchun, Korea

[SOUTHERN PRESBYTERIAN MISSION IN KOREA]

My dear Dr. Alexander,

It was with much sorrow that we heard of the loss of your little girl. I know just how lonely your hearts are, and how impossible it is to satisfy that sense of loss, with things. Only God can satisfy or comfort us, and He will in His own way. Only eleven months ago our little boy and girl left us and God alone know how comforless are all things outside of himelf. He means for these seeming losses to "exercise us unto godliness", and may He enable us all to be thus exercised. We have one little fellow born six months ago, whom we love very dearly and pray that God may loan to us for many years, if it be His will.

I want to write you about a matter that is on my heart and from your short staty here even, you can know of its need. I refer to the need of a Farm School for our Korean boys, where they can come and make their way through and learn a useful occupation and go forth able to support themselves and the Church. I have given up hope of having a self supporting Church out of the Koreans now in the Church, for almost without exception they are in debt and have that habit. We must look to the generation we are now educating. But vey few can come to the Schools we have built, without aid, and aid without a return in work is ruinous not only to Koreans but to any other boys.

With a School run like our mountain Schools, we could enable hundreds of Korean boys to come in and make their Way through. I wish Mr. Sager now at the Seminary could be sent out here and that he could get the funds necessary to start such a Farm. Such a School would be virtually self supporting after the initial expense of buying the land which can be gotten if the man is here to look after it. With the land and a man to look after it, the boys could come in, plant the land, raise their own rice and what few vegetables they eat, and sell what little they needed in order to buy books. Most all boys can get their clothing from their homes, but money or rice is scarce and getting scarcer. The japanese give them all their books and often help them otherwise, and provide Schools near enough so they can live at home. But we can have but few Schools and the boy must leave home. Hence he must be able to make his way, or have money, and our schools will be empty if we depend on those who can afford to come.

As a temporary expedient we are giving boys work around our homes and Compound, but they are not learning how to be better farmers but merely doing day labor to earn enough to pay their rice. It only requires 10 cents gold a day to support a boy in School, pay his rice books and all. Hence you can see it would not take much of an outlay to buy enough land so that boys could make their own way through and after that from year to year that same land would enable others following them to do the same.

Think over this and pray over it with us and see if together we can not work out a solution to our educational problem here in Korea, and the problem of self supporting people.

With best wishes and warmest heartfelt sympathy and prayers for all your family.

Yours in the work

P. J. Coit

July 22, 1918

Soonchun, Southern Presbyterian Missin In Korea

My dear Dr. Alexander,

I am in receipt of a draft for $400 from Mr. Pratt, with a statement that the balance necessary to buy a Ford car for my use in the Station, and for the use of the Station if I ever move. He also stated than $100 of this amount was given by you, and I wish to thank you at this time for your great thought of me and the work here, and for the generosity in giving this.

Ford cars and all other kinds are very scarce here just now, and the prices have risen accordingly. I think I will put in my order for one when the rest of the money comes from Mr. Pratt, meanwhile I have left the funds in the hands of our Treas. here. But gasoline is so expensive now, that I could not afford to use it until after the war lets prices drop a bit. Gasoline is now selling at seventy five to eight five cents gold a gallon.

Some months ago I had the chance to buy an Indian motorcycle and side car from a party who had just bought but was called to military service, and not knowing whether the automobile would materialize, I bought this temporarily. It has been a great help in getting to and from my churches rapidly, and is still of great help in places where an auto would find it hard to go. I may turn it over to another member of the mission or sell it to some one outside of the mission if Pratt does not raise the money. You at home are of course absorbed a great deal in the war and needs arising out of it. We are thankful that this part of the world is quiet and we can carry on the work unhindered. Of course the rapid rise in prices on all commodities, makes it impossible to carry the work on the old budget, but we are trusting the Committee will be able to raise the budget accordingly.

We recommend to the Committee that they raise Dr. Oh's salary as they had raised the salaries of the foreign workers. Dr. Oh is rending most valuable services in Severance and is their most indispensable man. His marrying his son off to an unbeliver some time ago, caused quite a lot of criticism by member of our Mission. It seems it was an old agreement from years gone by. He may have written you of it.

We are now engaged in trench warfare here in Korea. Reports will show that we are making slow progress, just now, and that we are facing new enemies every day. We need the constant prayers of those who believe in prayer. Seven Day Advantists are just now drawing off some of our more ignorant. But mostly it is the increasing struggle to make a living which is absorbing all the thought of the Korean, and it leaves him little time for aught else.

We are surprised to hear of Dr. Forsythe's death, as he had not mentioned his last relapse and we thought him getting well, but were glad to know that he was out of his sufferings. Few lives told for God, as did his. May we learn through him more of the value of intercession. I think it will not be long now before our blessed Lord comes, and we will see Him and all those friends and loved ones we have lost awhile. May God richely bless you in your work. We ordained our first elder here recently and yesterday installed a native pastor over the Soonchun Church, a good man. We feel the work here will now go ahead. He is our first graduate from this local field.

Yours in His service,
R. T. Coit

군산에서 가장 오랫동안 선교했던 윌리엄 불을 비롯한 유진 벨, 해리슨, 코이트가 믿음의 형제이자 후원자였던 알렉산더에게 보낸 편지들을 역시 선교사로 활동하였던 동생 경명과 그의 아들 딸이 나누어서 번역하고, 윤독하면서 수정하여 한 권의 책으로 편집하였다.

군산 선교를 시작하고 헌신적으로 발전시킨 분은 전킨이지만, 그 뒤를 이어 꾸준히 오랫동안 선교한 분이 윌리엄 불이다. 그는 알렉산더와 두 달 동안 같이 있으면서 믿음 안에서 서로 신뢰하여, 알렉산더가 아버지의 부음을 듣고 고향으로 돌아간 뒤에도 꾸준히 편지를 주고받으며 지원을 받고 군산 선교 현장을 지켰다. 대학 재학시절 축구부를 조직하여 주장으로 활동할 정도로 건강하고 지도력이 있었으므로, 신사참배를 거부하던 선교사들이 강제 추방당하던 1940년까지, 42년 동안 기도하며 교회들을 세우고 꾸준히 선교할 수 있었다.

이 번역서는 윌리엄 불이 알렉산더에게 보낸 편지를 동생 경명이 아들 딸과 함께 자원하여 번역한 것인데, 분량이 적어서 남장로교 동료들인 유진 벨, 해리슨, 코이트가 알렉산더에게 보낸 편지도 추가로 번역하였다. 편지를 쓴 인물들은 군산에서 선교하던 분들이지만, 이 편지들을 모두 받았던 사람이 알렉산더라는 점을 생각해보면 알렉산더는 여전히 군산 선교 현장에 함께 하면서 처음 하나님께 서원하였던 군산 선교의 약속을 지켰음을 알 수 있다.

이 편지들은 연세대학교 한국기독교문화연구소에서 한국연구재단의 지원을 받아 수행하는 '내한 선교사 편지(1880-1942) 디지털 아카이브의 구축' 사업에 자원봉사하기 위해 번역되었지만, 군산 지역에서 윌리엄 불 선교사를 기억하는 교인과 시민들, 그리고 백 여년 전 한국에 복음을 전하면서 근대화시킨 선교사의 헌신에 감사하는 여러분들에게 작은 읽을거리가 되기를 빈다.

교정을 마치면서
허경진

허경명

서강대학교에서 공부.
LG반도체 근무.
외국 선교 9년.
한국성서배포협력회장 / 포도마을교회 장로.
그레이프시드코리아(주) 대표이사.

내한선교사편지번역총서 5

윌리엄 불이 알렉산더에게 보낸 선교 편지

2022년 6월 10일 초판 1쇄 펴냄

지은이 윌리엄 불
옮긴이 허경명 가족
펴낸이 김흥국
펴낸곳 도서출판 보고사

책임편집 이순민
표지디자인 김규범

등록 1990년 12월 13일 제6-0429호
주소 경기도 파주시 회동길 337-15 2층
전화 031-955-9797(대표)
　　　 02-922-5120~1(편집), 02-922-2246(영업)
팩스 02-922-6990
메일 kanapub3@naver.com / bogosabooks@naver.com
http://www.bogosabooks.co.kr

ISBN 979-11-6587-323-3
　　　 979-11-6587-265-6　94910 (세트)
ⓒ 허경명 가족, 2022

정가 16,000원

〈이 번역서는 2020년 대한민국 교육부와 한국연구재단의 지원을 받아 수행된 연구임
(NRF-2020S1A5C2A02092965)〉